Nicolas Sabouret

# Interactions sur le fonctionnement dans les SMA ouverts et hétérogènes

Nicolas Sabouret

# Interactions sur le fonctionnement dans les SMA ouverts et hétérogènes

## ou comment des agents peuvent raisonner sur ce qu'ils font et ce que font les autres

Éditions universitaires européennes

**Mentions légales/ Imprint (applicable pour l'Allemagne seulement/ only for Germany)**

Information bibliographique publiée par la Deutsche Nationalbibliothek: La Deutsche Nationalbibliothek inscris cette publication à la Deutsche Nationalbibliografie; des données bibliographiques détaillées sont disponibles sur internet à l'adresse http://dnb.d-nb.de.
 Toutes marques et noms de produits mentionnés dans ce livres demeurent sous la protection des marques, des marques déposées et des brevets, et sont des marques ou des marques déposées de leurs détenteurs respectifs. L'utilisation des marques, noms de produits, noms communs, noms commerciaux, descriptions de produits, etc, même sans qu'ils ne soient mentionnés de façon particulière dans ce livre ne signifie en aucune façon que ces noms peuvent être utilisés sans restriction a l'égard de la législation pour la protection des marques et des marques déposées et pourraient donc être utilisés par quiconque.

Photo de la couverture: www.ingimage.com

Editeur: Éditions universitaires européennes est une marque déposée de Südwestdeutscher Verlag für Hochschulschriften Aktiengesellschaft & Co. KG
Dudweiler Landstr. 99, 66123 Sarrebruck, Allemagne
Téléphone +49 681 37 20 271-1, Fax +49 681 37 20 271-0
Email: info@editions-ue.com
Agréé: Paris, Université Pierre & Marie Curie, habilitation à diriger des recherches, 2009

Produit en Allemagne:
Schaltungsdienst Lange o.H.G., Berlin
Books on Demand GmbH, Norderstedt
Reha GmbH, Saarbrücken
Amazon Distribution GmbH, Leipzig
**ISBN: 978-613-1-51048-9**

**Imprint (only for USA, GB)**

Bibliographic information published by the Deutsche Nationalbibliothek: The Deutsche Nationalbibliothek lists this publication in the Deutsche Nationalbibliografie; detailed bibliographic data are available in the Internet at http://dnb.d-nb.de.
 Any brand names and product names mentioned in this book are subject to trademark, brand or patent protection and are trademarks or registered trademarks of their respective holders. The use of brand names, product names, common names, trade names, product descriptions etc. even without a particular marking in this works is in no way to be construed to mean that such names may be regarded as unrestricted in respect of trademark and brand protection legislation and could thus be used by anyone.

Cover image: www.ingimage.com

Publisher: Éditions universitaires européennes is an imprint of the publishing house Südwestdeutscher Verlag für Hochschulschriften Aktiengesellschaft & Co. KG
Dudweiler Landstr. 99, 66123 Saarbrücken, Germany
Phone +49 681 37 20 271-1, Fax +49 681 37 20 271-0
Email: info@editions-ue.com

Printed in the U.S.A.
Printed in the U.K. by (see last page)
**ISBN: 978-613-1-51048-9**

# Interactions sur le fonctionnement dans les systèmes multi-agents ouverts et hétérogènes

Nicolas Sabouret

Décembre 2009

# Résumé

Le travail présenté dans ce document s'articule autour de la notion d'interaction dans les systèmes multi-agents (SMA) cognitifs (c'est-à-dire que chaque agent utilise un mécanisme de décision qui dépasse ses capacités de ré-actions aux stimuli du système et des autres agents), faiblement couplés (c'est-à-dire que les agents ne disposent d'aucune information *a priori* sur les capacités des autres agents) et ouverts (c'est-à-dire que les interactions ne peuvent pas s'appuyer *a priori* sur la présence ou l'absence d'autres agents). Les agents de ces systèmes doivent donc s'adapter en cours d'exécution au contexte en fonction des objectifs définis soit *a priori*, soit en cours d'exé-cution par l'utilisateur ou par d'autres agents.

Notre étude porte sur deux aspects fondamentaux des interactions dans un SMA : la composition des fonc-tionnalités des agents et la gestion de l'hétérogénéité sémantique. Après avoir re-défini les notions clefs d'agents, de SMA et d'interaction (chapitre 1), nous montrons qu'il est nécessaire dans un contexte ouvert et faiblement couplé que les agents disposent de capacités d'introspection pour se coordonner. Nous définissons précisément les notions d'actions et d'interactions que nous utilisons dans nos travaux. Nous présentons ensuite (chapitre 2) un panorama des travaux existants dans les domaines de la composition de services, de la coordination multi-agents et de la programmation orientée agent et nous montrons qu'ils soulèvent un ensemble de questions communes. Nous définissons ensuite notre modèle d'agent (chapitre 3) et notre modèle d'interaction fondé sur un ensemble de per-formatifs spécifiques. Nous proposons alors (chapitre 4) deux approches complémentaires pour la composition des fonctionnalités des agents, la première fondée sur la chorégraphique dynamique de services, la seconde sur l'ap-prentissage par renforcement dans un cadre non-markovien. Nous proposons ensuite (chapitre 5) une solution pour gérer le problème de l'hétérogénéité sémantique entre les agents. Enfin, nous concluons sur les questions soulevées par notre tentative de définition d'un cadre unificateur pour l'interaction dans les SMA ouverts et hétérogènes.

# Table des matières

# Remerciements

Il n'est jamais facile d'écrire un paragraphe de remerciements, surtout lorsque je réalise tout ce que je dois à tant de personnes, si différentes, que j'ai eu le plaisir de croiser ces dix dernières années.

Je voudrais tout d'abord remercier chaleureusement les personnes qui ont participé à la réalisation de ces travaux, à commencer par celui qui en a été l'initiateur, Jean-Paul Sansonnet, et ceux qui ont été les premiers acteurs, mes doctorants avec lesquels j'ai eu beaucoup de plaisir à travailler : Éric, Yasmine, Laurent et Shirley. Je voudrais aussi remercier tous les stagiaires et collègues qui ont permis le développement du modèle VDL depuis 10 ans.

J'ai une pensée toute spéciale pour les collègues de mon équipe ou de mon laboratoire qui ont croisé ma route et m'ont soutenu tout au long de ma carrière : Amal, Jacques, Patrice, Jean-Pierre, Vincent, Jean-Daniel, Aurélie, Samir et, un peu plus en amont de mon histoire, Christian, Bill, Anne, Jean-Baptiste... J'en oublie certainement et les prie de m'en excuser.

Enfin, au moment de publier cet ouvrage, j'ai une pensée émue pour ma famille qui voit d'un œil curieux ces problèmes de recherche qui, souvent, s'invitent à la maison.

# Introduction

JE NE SUIS RIEN, JE LE SAIS,

MAIS JE COMPOSE MON RIEN

AVEC UN PETIT MORCEAU DE TOUT.

VICTOR HUGO, « LE RHIN »

À l'heure où la place des chercheurs dans la société et leur rôle dans la construction d'une pensée nouvelle est de plus en plus confrontée aux impératifs de mesure de performance et de production de résultats, il est appréciable de pouvoir se retourner sur dix années d'études et d'en faire un premier bilan.

Mon travail de recherche a été guidé, depuis le début de ma thèse en 1999, par l'objectif ambitieux de concevoir et d'implémenter des programmes capables de « comprendre ce qu'ils font », c'est-à-dire fondés sur une représentation de leur propre fonctionnement qui leur permette d'adopter des comportements plus intelligents, en particulier dans leurs interactions avec l'utilisateur humain. S'il est compréhensible que l'humain apprenne à utiliser les outils qu'il manipule (dont l'outil informatique), l'évolution des connaissances en Intelligence Artificielle permet d'envisager le schéma inverse : la machine capable de s'adapter à l'humain et plus généralement aux contraintes de l'environnement réel.

Cet objectif m'a conduit dans un premier temps à m'intéresser à la construction d'*explications* pour des utilisateurs en interaction avec un « composant actifs », c'est-à-dire une entité logicielle munie, en plus d'un ensemble de commandes pour l'utilisateur, d'un comportement propre. Mon principal souci a été de définir un moyen de programmer de tels agents intelligents en proposant un modèle suffisamment général pour rester indépendant de l'application considérée. En m'appuyant sur les modèles de raisonnement sur le fonctionnement (en particulier les travaux sur la planification, le diagnostic et le raisonnement de sens commun[1]), j'ai développé un modèle d'agent introspectif appelé VDL (pour *View Design Language*)[2]. Le langage VDL est fondé sur la réécriture d'arbres XML : le code de l'agent est un arbre XML qui définit les données et les opérations de réécriture à chaque pas d'exécution. Ce modèle permet non seulement de décrire le comportement des agents, mais surtout de leur fournir des capacités d'introspection : chaque agent a accès à tout moment de son exécution à une description complète des données qu'il manipule et des actions qu'ils peut effectuer sur ces données. L'originalité de ce modèle est que le code d'un agent est en même temps le langage dans lequel il s'exécute, ce qui permet de définir des algorithmes de raisonnement sur le fonctionnement et l'activité de l'agent décrite au niveau du son code, tout en s'affranchissant des problèmes d'inférence en logique comme le problème du décor (*Frame Problem*). Comme je l'ai montré dans ma thèse [107], les agents VDL sont alors capables d'expliquer à leur utilisateur (humain ou autre agent) ce qu'ils font, pourquoi ils le font et comment ils le font.

C'est tout naturellement que j'ai ensuite été amené à élargir ce cadre de recherche au contexte des systèmes multi-agents (SMA). En effet, la généralisation des systèmes répartis dans les années 90 et 2000, en particulier l'émergence des services en ligne sur Internet puis le développement des systèmes « pair à pair » (par exemple pour l'informatique ubiquitaire, les jeux ou la simulation), font apparaître de nouveaux champs applicatifs dans lesquels l'utilisateur humain est en interaction non plus avec un composant mais avec tout un système intelligent. Il n'est

---

1. http://www-formal.stanford.edu/leora/commonsense/
2. http://www-poleia.lip6.fr:8180/~sabouret/demos/index.html

alors plus possible de considérer le système d'un point de vue global : il faut étudier les interactions non seulement du point de vue d'un agent avec l'utilisateur humain, mais aussi du point de vue de chacun des composants du système réparti. Le fonctionnement global du système est en effet le résultat des interactions « pair à pair » entre les agents.

En m'appuyant sur le modèle d'agent introspectif VDL, j'essaye depuis lors de définir un cadre unificateur pour les interactions agent-agent et humain-agent qui prend en compte les problématiques suivantes :

- Ouverture du SMA : des agents peuvent apparaître ou disparaître du système, par exemple lorsqu'ils deviennent inaccessibles dans les réseaux mobiles ad-hoc (MANET) ou lorsque de nouveaux services en ligne sont proposés dans une plate-forme de web services ;
- Faible couplage entre les agents : les entités du système ont été conçues séparément et un agent ne connaît pas *a priori* les capacités des autres agents et doit donc les découvrir et interpréter leurs effets sur le système ; il doit pouvoir composer ses fonctionnalités avec les autres agents pour répondre à une demande d'un utilisateur ;
- Hétérogénéité : les agents manipulent des modèles de données différents (par exemple, un utilisateur humain novice ne conçoit généralement pas le système qu'il utilise de façon conforme à son code) et doivent pouvoir comprendre des questions ou des demandes mal formulées, qu'elles proviennent d'un utilisateur humain ou d'un agent informatique sémantiquement hétérogène ;
- Asynchronisme : les agents s'exécutent sur des plate-formes différentes avec des vitesses et une perception du temps différente.

A travers l'encadrement de plusieurs stages de M2 et de quatre thèses (dont une encore en cours), j'ai étudié les problèmes soulevés par ces hypothèses et j'ai montré comment les capacités d'introspection des agents, couplées à des protocoles d'interaction spécifiques, pouvaient être utilisées pour résoudre ces difficultés. L'objectif de ce mémoire d'habilitation est de présenter l'ensemble de ces travaux. Cette présentation se fera à la première personne du pluriel car si j'en ai été l'instigateur, mes doctorants et mes stagiaires en ont été les petites mains et l'étude des interactions au sein des SMA ouverts et hétérogènes est aussi leur travail.

Ce mémoire d'habilitation est organisé en 5 chapitres qui recouvrent les différents aspects de nos travaux. Dans le premier chapitre, nous définissons précisément les notions d'agent et de système multi-agent telles que nous les considérons dans nos travaux. Nous posons nos contraintes d'ouverture et d'hétérogénéité. Nous discutons du rôle de l'utilisateur dans le système multi-agent, des différents modèles cognitifs qui peuvent caractériser les agents et de la place de l'environnement dans le SMA, ce qui nous conduit à cerner plus étroitement notre problématique de recherche.

Le deuxième chapitre regroupe l'étude de travaux récents dans le domaine des interactions entre agents. Nous montrons que les problématiques d'ouverture, de faible couplage, d'hétérogénéité et d'asynchronisme sont présentes dans différents domaines scientifiques, de la composition de service à l'alignement d'ontologies. Nous mettons ainsi en évidence un ensemble de questions communes sur l'interaction entre les agents auxquelles nous avons tenté de répondre dans nos travaux.

Le troisième chapitre présente notre modèle d'agent. Ce modèle, qui fait suite aux travaux que nous avons développés sur le plate-forme VDL, propose une architecture d'agent introspectif en trois couches. La couche « code » permet au programmeur de décrire les données et les actions de l'agent. La sémantique opérationnelle de notre langage d'agent reposant sur la réécriture d'arbres, le code de l'agent est aussi le langage dans lequel il s'exécute, ce qui lui confère les propriétés d'introspection permettant à nos agents de répondre *en cours d'exécution* à des questions sur leur fonctionnement. La couche « communication » définit le traitement des messages à l'aide de protocoles spécifiques que nous présentons dans les chapitres suivants. Enfin, la couche « raisonnement » permet de définir les mécanismes de décision de l'agent. Ils peuvent être fondés sur de la planification, de l'apprentissage automatique ou la coordination automatique, comme nous le montrerons dans nos travaux.

Le quatrième chapitre s'intéresse aux interactions entre agents pour la composition de leurs fonctionnalités. Nous montrons qu'il est possible (et nécessaire) dans un SMA ouvert de combiner les fonctionnalités d'agents qui ne se connaissent pas *a priori*. Nous proposons pour cela de nous appuyer sur les capacités d'introspection qui permettent aux agents de déterminer ce qu'ils peuvent faire ou ne pas faire et pourquoi. Nous présentons deux approches pour combiner dynamiquement les fonctionnalités des agents. La première s'apparente plus à de l'auto-organisation : face à une contrainte définie par un utilisateur externe au système, nous définissons des protocoles d'interaction qui permettent aux agents de combiner leurs actions pour atteindre le but fixé. La seconde approche est fondée sur des algorithmes d'apprentissage automatique : à partir d'informations sur un état but du système, les agents peuvent apprendre une politique qui tend à atteindre ce but. Nous discutons des avantages et des inconvénients de ces deux approches et nous montrons comment l'introspection et les interactions entre les agents permettent de palier les informations manquantes localement.

Le cinquième chapitre aborde le problème des interactions dans des SMA hétérogènes. Alors que nos travaux sur la composition de services et sur l'apprentissage d'interactions supposaient que les agents utilisent un vocabulaire commun, ce chapitre montre qu'il est possible de définir des protocoles (fondés une fois encore sur l'introspection des agents) pour gérer l'hétérogénéité sémantique entre les agents dans le cadre du traitement de *commandes*. Le modèle d'interaction que nous proposons ici s'appuie sur une mesure de distance dans des ontologies locales aux agents et sur un protocole de coordination qui permet aux agents de converger sur l'interprétation de la commande. Les capacités introspectives des agents sont utilisées pour comparer la requête à interpréter avec leurs capacités propres. Nous montrons que ce modèle peut s'appliquer à la fois à l'interaction agent-agent et à l'interaction humain-agent.

En conclusion, nous proposons un ensemble de réflexions sur la notion d'interactions dans les SMA ouverts et hétérogènes. Si nos travaux nous ont permis de dessiner les contours d'un cadre unificateur et ont pu apporter quelques éléments de réponses, ils nous ont surtout conduit à reconsidérer les notions d'agents et d'interactions dans un SMA.

# Chapitre 1

# Présentation de la problématique

PAR UNE BELLE MATINÉE DU MOIS DE MAI, UNE ÉLÉGANTE AMAZONE PARCOURAIT, SUR UNE SUPERBE JUMENT ALEZANE, LES ALLÉES FLEURIES DU BOIS DE BOULOGNE.

ALBERT CAMUS, « LA PESTE »

## 1.1 Introduction

Les systèmes multi-agents (SMA) s'intéressent à l'étude de systèmes répartis composés d'entités autonomes (ou *agents*) en interaction les unes avec les autres. Le fonctionnement global d'un SMA est alors le résultat de ces interactions. Le domaine de recherche des SMA peut donc être caractérisé par rapport à trois grands domaines de l'informatique :

- Les systèmes répartis : un SMA est un système réparti, en ceci qu'il fait intervenir plusieurs processus indépendants (les agents) et asynchrones. L'étude de la littérature montre que la nature de cette répartition peut varier selon les problématiques étudiées. Certains travaux considèrent des SMA physiquement répartis (par exemple la plate-forme DimaX [48] qui s'intéresse aux problématiques de réplication pour palier les pannes des systèmes physiques sur lesquels les agents sont déployés) ; d'autres travaux considère la répartition d'un point de vue logiciel (en particulier, les recherches sur les agents mobiles [34, 112] où l'accent est mis sur la distribution logique des agents, voir au sein d'un agent) ; enfin, de nombreux travaux en SMA, en particulier autour de la simulation multi-agent, de la négociation ou de l'aide à la décision multi-agent, utilisent des systèmes monolithiques dans lesquels les agents sont synchrones ou artificiellement asynchrones (la plate-forme NetLogo [1] en est un très bon exemple). Quel que soit le type de répartition adoptée, l'originalité des SMA par rapport aux systèmes répartis vient de la nature *autonome* des agents, c'est-à-dire de leur indépendance les uns vis-à-vis des autres. Parce que le mécanisme de décision est propre à chaque agent, il est difficile d'adopter un point de vue global pour décrire le comportement du système.
- L'intelligence artificielle [105] : l'autonomie des agents est généralement définie comme leur capacité à prendre des décisions localement [2]. Le mécanisme de prise de décision peut aller de mécanismes simples comme un ensemble de règles perception-action (on parle alors de systèmes multi-agents *réactifs*) à des algorithmes très complexes issues de l'intelligence artificielle ou de l'aide à la décision (on parle alors de SMA *cognitifs*). Dans tous les cas, l'originalité des SMA par rapport à l'intelligence artificielle (IA) « classique » est que le raisonnement mise en œuvre pour cette prise de décision ainsi que le choix des opérations à effectuer ne porte plus uniquement sur un ensemble de données et d'actions internes à l'agent, mais il doit aussi

---

1. http://ccl.northwestern.edu/netlogo/
2. Cette définition soulève de nombreuses questions, en particulier sur ce qui caractérise une décision « locale » et sur le pouvoir d'influence des agents les uns par rapport aux autres. Les travaux sur l'autonomie des agents et la confiance [52, 82] ont permis de mieux cerner cette définition mais ils dépassent largement le cadre de notre étude et ne seront pas présentés ici.

prendre en compte les interactions entre les agents, c'est-à-dire les possibles échanges d'informations qui peuvent s'effectuer entre les entités décidantes. On parle alors d'IA distribuée [37].

Dans un SMA, un agent peut décider d'opérations sur ses données internes en tenant compte non seulement de ses connaissances propres mais aussi d'informations provenant des autres agents. Réciproquement, il peut non seulement décider d'effectuer des opérations sur ses propres données, mais aussi d'informer d'autres agents de l'état de ses propres connaissances voire de déléguer des opérations à d'autres agents (par exemple lorsque les données qu'il souhaite altérer appartiennent à un autre agent).

– Le génie logiciel [129] : les SMA définissent un paradigme de programmation qui étend la notion de programmation orientée-objet (POO) en y ajoutant les notions de processus et d'autonomie. Comme les objets, les agents sont caractérisés par un ensemble de données internes (encapsulées), éventuellement de données externes, et de capacités (ce qui correspond aux méthodes en POO). Mais parce qu'un agent est aussi un processus (*thread*) et parce que les agents interagissent (donc s'envoient des messages au sens POO du terme), les problèmes d'inter-blocage dans le système imposent de repenser le paradigme de programmation [47]. En particulier, l'envoi de message entre agents ne peut plus être synchrone : dans un SMA, les agents s'envoient réellement des messages qu'ils stockent dans des boites aux lettres.

De plus, parce que les agents sont autonomes (et donc décident localement des opérations à effectuer), les interactions ne peuvent plus être vues comme des appels de méthodes où un agent déclencherait un traitement chez un autre agent. Chaque agent peut en effet décider de ne pas traiter un message qu'il a reçu ou d'y répondre d'une manière non-conforme à ce que l'émetteur attend. C'est pourquoi le programmeur doit définir un ensemble de protocoles d'interaction [98] qui permettent de spécifier les envois de messages possibles dans le SMA. Mais comme l'a montré Eric Platon dans sa thèse [92], la question des exceptions telle qu'elle est vue en génie logiciel est à nouveau remise en question dès lors que l'on considère l'exécution d'un agent autonome et ses interactions avec les autres agents.

Parce que le champ de recherche des SMA est très large, regroupant des problématiques issues de champs scientifiques aussi différents, il n'existe pas un paradigme unique adressant l'ensemble des problèmes du domaine et chaque modèle met l'accent sur un aspect particulier des SMA. Nos travaux n'échappent pas à cette règle. C'est pourquoi nous commençons, dans la section suivante, par définir les notions que nous manipulons dans la suite de ce mémoire et la vision des SMA que nous défendons à travers nos recherches. En particulier, nous mettons l'accent sur les notions d'ouverture et d'hétérogénéité dans les SMA et nous montrons que la plupart des travaux de la littérature s'intéressent à des systèmes relativement fermés et, surtout, homogènes. Nous montrons enfin que la prise en compte de ces notions d'ouverture et d'hétérogénéité soulève de nouvelles problématiques pour les interactions dans les SMA.

## 1.2 Définitions

Les systèmes multi-agents que nous étudions dans nos travaux sont *cognitifs, asynchrones, ouverts* et *hétérogènes*. Nous ne nous intéressons ici pas aux problématiques de répartition des agents dans des environnements physique distants et nous n'abordons pas non plus les problématiques de génie logiciel autour des notions de protocoles et d'inter-blocage, bien que ces problèmes aient été constamment présents lors de nos expérimentations. Cela nous conduit à proposer les définitions suivantes qui serviront de base au modèle d'agent que nous présentons au chapitre 3.

### 1.2.1 Agent

#### 1.2.1.1 Modèle PRS

Notre modèle d'agent est en grande partie fondé sur le Procedural Reasoning System de Goergeff et al. [45], illustré sur la figure 1.1, qui définit l'architecture des agents *cognitifs*. Dans ce modèle, un agent est caractérisé par une base de connaissances interne, un « raisonneur » et des opérateurs sur l'environnement (senseurs et effecteurs). La particularité de PRS est que le fonctionnement d'un agent est alors défini à l'aide d'une *boucle d'exécution*

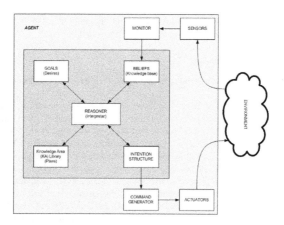

FIGURE 1.1 – Le Procedural Reasoning System du *Stanford Research Institute*.

*procédurale* qui itère un processus de décision. Contrairement aux architectures purement réactives où le fonctionnement est uniquement modal (l'environnement envoie un signal à l'agent qui réagit), l'exécution d'un agent cognitif se fait de manière continue, indépendemment de la mise à jour de ses croyances sur l'environnement par le « moniteur ». À chaque cycle, l'agent décide d'un ensemble d'opérations à effectuer qui peuvent porter soit sur la base de connaissance interne de l'agent, soit sur son environnement (effecteurs). Notons qu'une faiblesse de l'architecture PRS est que les buts ne sont pas directement manipulables par l'agent, contrairement à l'architecture BDI qui lui a succédée [101].

Le mécanisme de sélection d'actions de l'agent est donc au cœur des architectures cognitives. À chaque cycle, l'agent détermine l'ensemble des actions qu'il peut effectuer. Contrairement aux architectures basées sur des mécanismes de planification, où le système construit un plan *a priori* puis effectue les actions de ce plan pour atteindre son but, un agent décide des actions à effectuer à chaque instant de son exécution, afin de prendre en compte les changements qui surviennent dans son environnement en particulier du fait des autres agents du système. Cependant, pour que ce mécanisme soit possible, il est nécessaire que le raisonneur puisse déterminer l'ensemble des actions possibles. Chaque actions est donc munie d'un ensemble de préconditions qui déterminent la faisabilité de l'action en fonction de l'état de l'agent, comme dans les modèles de raisonnement sur le fonctionnement en logique [77, 102, 51] et comme dans les systèmes fondés sur la planification [41, 40].

Cependant, la description des actions dans une architecture d'agent ne peut pas se réduire à un ensemble de préconditions et d'effets sur les données de l'agent. En effet, nous pouvons considérer deux modes de fonctionnement pour un agent :

- La pro-action, c'est-à-dire le comportement autonome d'un agent indépendant de toute interaction. Dans notre modèle, cela correspond aux opérations de modification de la base de connaissance et des buts de l'agent ;
- La réaction, c'est-à-dire les actions liées à l'arrivée d'une commande, ou plus généralement d'interaction avec l'extérieur. Dans notre modèle, nous avons choisi de regrouper ces interactions dans la notion d'*événement*. Un événement est une structure de donnée transmise à l'agent en cours d'éxécution qui est utilisée pour modifier son comportement.

Dans notre modèle, les préconditions d'une action peuvent donc être de deux natures : des expressions booléennes dépendant de l'état de l'agent, pour définir son comportement proactif, et des événements, pour définir son comportement réactif. Réciproquement, les effets d'une action peuvent être de deux natures : des opérations internes sur les connaissances et les buts de l'agent ou des envois d'événements aux autres agents. L'originalité de notre modèle est de tenter d'unifier les différentes représentations pour proposer un langage de description d'agent qui intègre au sein d'un même formalisme les différents modes d'interaction.

### 1.2.1.2 Mécanisme de sélection d'actions

Pour pouvoir définir plus précisément notre modèle d'agent, il est nécessaire de décrire le processus d'élection des actions candidates.

En effet, s'il est naturel de définir dans le code de l'agent les préconditions qui caractérisent les actions possibles ou impossibles en fonction de l'état de l'agent, il n'est peut être pas souhaitable (ou tout simplement pas possible) d'effectuer toutes ces actions à chaque cycle. Plusieurs modèles ont été proposés en fonction, généralement, des problèmes à résoudre et de leur implémentation. Par exemple, dans la plate-forme JADE[3], l'agent effectue une seule action élémentaire par cycle. La boucle d'exécution procédurale est recréée par rotation des actions (une action élue repasse en fin de pile). Au contraire, d'autres modèles comme NetLogo ou notre plate-forme VDL reposent sur le principe qu'un cycle correspond à l'exécution de toutes les actions éligibles. Dans le modèle initial de VDL [107], un mécanisme de gestion des modifications concurrentes similaire aux algèbres évoluantes de Gurevich [49] permettait d'effectuer toutes les actions en parallèle. En l'occurrence, nos expérimentations sur des problèmes concrets nous ont convaincu qu'il était plus facile pour le programmeur de l'agent de gérer manuellement les modifications concurrentes. En effet, lorsque les modifications peuvent provenir non seulement des conditions internes à l'agent (pro-actions) mais aussi des événements externes (ré-actions), il n'est pas toujours possible de définir une politique unique de choix de priorité pour les actions. C'est pourquoi nous avons finalement adopté une sémantique opérationnelle qui effectue les actions d'un même cycle de manière séquentielle, comme dans NetLogo.

### Approche à base d'observateurs

Dans les modèles d'agent orienté tâche, le comportement rationnel de l'agent est décrit directement dans son code. Si l'agent demeure parfaitement autonome vis-à-vis de ses pairs et s'il suit des buts précis définis par le programmeur, ceux-ci ne sont pas explicités. Ils sont présents de manière implicite dans la description des tâches effectuées par l'agent. Au contraire, dans les modèles d'agents *rationnels* (par exemple, AgentSpeak[4] [100] ou CLAIM[34]), le programmeur définit un ensemble de contraintes et c'est un mécanisme extérieur au code de l'agent qui est responsable de la construction des buts (par exemple lors d'une phase de planification). Il est alors nécessaire de définir une couche spécifique pour déterminer les actions éligibles qui sont compatible avec le ou les buts retenus par l'agent. Cela conduit à des architectures d'agent en 2 couches : la couche langage, où sont définies les préconditions des actions en fonction de leur état, et la couche rationnelle, où sont sélectionnées les actions éligibles. Cette architecture en deux couche est présente dans la plupart des modèles d'agents cognitifs, qu'ils soient basés sur les buts (par exemple, les agents BDI [100]), sur l'apprentissage automatique (par exemple, dans le modèle d'agent de Veloso [39] fondé sur l'apprentissage par renforcement [120]) ou sur des mécanismes d'aide à la décision (par exemple dans les travaux de Pfeffer [43]).

C'est aussi ce type d'architecture que nous avons adopté dans nos travaux mais, contrairement à ce qui se fait dans la plupart des modèles d'agents cognitifs, nous avons choisi de laisser au programmeur la possibilité de définir son propre mécanisme de sélection d'action. Pour cela, nous avons adopté un modèle orienté tâche que nous avons couplé avec une couche dite « d'*observation* » qui offre la possibilité d'agir sur le comportement de l'agent. Nous verrons que c'est cette liberté qui nous a permis de combiner plusieurs modèles d'interaction différents pour gérer les questions d'ouverture et d'hétérogénéité sémantique.

---

3. http://jade.tilab.com
4. http://jason.sourceforge.net

### 1.2.2 Système Multi-Agents

#### 1.2.2.1 Environnement d'exécution

Si l'on s'intéresse à l'intégration des agents au sein d'un système multi-agents, et non pas simplement à la modélisation de ce système, il faut prendre en considération l'environnement d'exécution des agents. Dans les travaux qui s'intéressent plus particulièrement aux problématiques de répartition, un objectif est de s'affranchir de toute plate-forme d'exécution : chaque agent, une fois compilé, est un processus autonome s'exécutant sur la machine hôte et communicant avec les autres agents par socket TCP/IP, par RMI[5] ou par SOAP[6] (selon les architectures).

Mais dans la plupart des modèles multi-agents, les agents sont supportés par une plate-forme d'exécution. Cela signifie que les agents s'exécutent dans un environnement logiciel fermé (éventuellement répartis sur plusieurs hôtes physiquement distants). L'un des avantages est que cela permet de séparer la couche agent de la couche système. Parce que nous nous intéressons à l'étude des interactions entre agents plutôt qu'aux problèmes de systèmes répartis, c'est aussi le choix que nous avons fait dans nos travaux. Nos agents s'exécutent donc sur une plate-forme spécifique.

L'environnement joue aussi un rôle de gestion des ressources et du contexte des agents. Dans les travaux en robotique ou en intelligence ambiante, les agents sont situés dans le monde réel et, s'il n'y a pas d'environnement logiciel, il est nécessaire de fournir des interfaces de perception et d'action ad-hoc. Dans les architectures fondées sur une plate-forme d'exécution des agents, l'environnement doit non seulement offrir les interfaces spécifiques à l'application, mais il doit aussi fournir un ensemble de services pour l'exécution des agents. Par exemple, le modèle multi-agent proposé par la FIPA[7] définit (entre autres) deux services fondamentaux, en plus de la plate-forme d'exécution :

– L'*Agent Management Service* (AMS) qui est responsable de la gestion des agents dans le système. C'est en particulier ce service qui garantit que chaque agent possède un identifiant unique.
– Le *Message Transport Service* (MTS) qui est responsable de la communication entre les agents.

Quelle que soit la situation, l'environnement ne peut pas être réduit au rôle de transport des messages. Il faut le penser comme un ensemble de services et c'est pour cela que la définition de l'environnement dans un SMA soulève de nombreuses questions de conception [127], pour déterminer ce qui est agent de ce qui doit être défini dans l'environnement et comment cet environnement interagit avec les agents.

Dans une architecture utilisant une plate-forme d'exécution pour les agents, les services offerts par l'environnement (ce qui correspond aux perceptions et aux actions des agents dans un modèle type PRS) sont rendus accessible à travers un ensemble de méthodes, au sens de la Programmation Orienté Objets. Ils s'exécutent donc de manière synchrone, ce qui les différencient des agents (qui sont autonomes et, *de facto*, asynchrones les uns par rapport aux autres). Ce fonctionnement est illustré sur la figure 1.2.

Nous nous sommes attaché à respecter cette contrainte dans notre modèle. Notre environnement d'exécution propose donc un ensemble de services pour le transport des messages et la gestion des agents, et nous offrons au programmeur la possibilité de définir ses propres méthodes d'interaction avec l'environnement à travers des « observateurs » de l'agent. L'accès aux services de l'environnement se fait de manière synchrone pour l'agent.

#### 1.2.2.2 Environnement d'interaction

Dans notre architecture, l'environnement n'est pas seulement le support d'exécution des agents : c'est aussi le médiateur des interactions entre agents. Pour définir l'interaction entre les agents, plusieurs approches sont envisageables :

– L'interaction directe, dans laquelle les agents s'envoient des messages *structurés* pour communiquer (à travers le MTS). C'est l'approche mise en avant par la FIPA. Elle constitue un aspect important des SMA car

---

5. http://java.sun.com/javase/technologies/core/basic/rmi/index.jsp
6. http://www.w3.org/TR/soap/
7. http://www.fipa.org

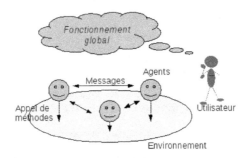

FIGURE 1.2 – Architecture d'un SMA

elle permet aux agents d'échanger explicitement des informations quand ils le décident et, par conséquent quand ils en ont besoin.

– L'interaction indirecte, dans laquelle les agents ne s'envoient pas de message, mais déposent des informations dans l'environnement (action) et observent l'environnement (perception). C'est l'approche mise en avant par les modèles d'agents réactifs fondés sur la stigmergie [89]. Dans les SMA adoptant cette approche, l'accent est mis sur l'émergence d'un comportement en l'absence d'intention de communication explicitée dans le système.

Une fois encore, l'importance des modèles fondés sur l'interaction indirecte et les travaux récents sur l'environnement dans les SMA [127] montrent qu'il n'est pas possible de séparer complètement l'interaction multi-agent des opérations de perception et d'action sur l'environnement. Par exemple, les mécanismes d'écoute flottante [8] s'appuient sur le modèle d'interaction par envoi de messages mais ceux-ci sont détournés par l'environnement au profit d'agents « spectateurs ».

Dans le modèle que nous présentons ici, nous avons choisi d'utiliser des mécanismes d'interaction directe par envoi de message. La principale raison est que nous nous intéressons à l'intention dans la communication : non seulement nos agents sélectionnent des actions dont ils savent que l'effet est un acte communicatif, mais nous proposons même des agents capables de construire les actes communicatifs en fonction de leurs propre état. Une autre raison qui nous a conduit à considérer une communication directe par envoi de messages structurés est la proximité de ce modèle avec l'interaction humain-agent qui a constitué une part importante de nos travaux antérieurs [107, 106].

Cependant, nos études sur l'interaction indirecte [93, 94] nous ont montré l'importance pour les agents de définir une partie « visible » dans l'environnement. Nous avons donc cherché à coupler l'interaction directe avec ce modèle d'environnement. Dans notre architecture, nous faisons donc la différence entre les données privées, qui sont liées à des processus internes et que le programmeur veut rendre inaccessibles pour les autres agents, et les données publiques, c'est-à-dire à propos desquelles l'agent peut interagir avec ses pairs.

### 1.2.2.3 Structure d'un message ACL

Les méthodes de communication par envoi de message structurés dans les systèmes multi-agents reposent sur la théorie des actes de langage [7] qui stipule que la communication est une forme d'action (puisqu'elle modifie les connaissances, les croyances, les buts ou les intentions de l'autre). Dans les systèmes multi-agents, l'attention est portée sur la partie illocutoire de l'acte de langage et la structure des messages reprend la proposition de Searle [113] de séparer performatif et contenu propositionnel.

Un message, en communication directe, doit donc au moins indiquer l'agent destinataire du message, le contenu propositionnel et le performatif. La proposition de la FIPA, présentée dans le tableau 1.1, définit un ensemble de champs pour les messages structurés. Certains champs peuvent être superflus selon le contexte considéré. Par exemple, dans un SMA asynchrone où l'environnement n'offre pas de service spécifique pour la synchronisation,

| Paramètre du message | Rôle du paramètre |
|:---:|:---:|
| sender | Identifiant de l'agent émetteur |
| receiver | Adresse du ou des agents destinataires du message |
| reply-to | Identifiant de l'agent auquel doit être envoyé une réponse |
| performative | Performatif de l'acte de communication |
| content | Contenu de l'acte de communication |
| language | Langage utilisé pour décrire le contenu |
| encoding | L'encodage de caractères utilisé |
| ontology | Ontologie utilisé pour définir les concepts du contenu |
| conversation-id | Identifiant de la conversation |
| protocol | Identifiant du protocole utilisé pour la conversation |
| reply-with | Numéro du message dans la conversation |
| in-reply-to | Numéro du message auquel celui-ci répond |
| reply-by | Le délai de réponse pour ce message |

TABLE 1.1 – Structure d'un message dans la norme FIPA 00037.

la pertinence du champ *reply-by* devient très discutable, dès lors que chaque agent dispose de sa propre horloge. De même, les champs *encoding* et *language* sont relativement peu utilisés, la plupart des travaux faisant l'hypothèse que les agents communiquent en utilisant le même support syntaxique.

La FIPA propose de plus 22 performatifs de base munis d'une sémantique bien définie (en utilisant une logique BDI [100] augmentée d'opérateurs d'incertitude), avec l'hypothèse que le contenu est en logique propositionnelle. En pratique, les programmeurs de SMA utilisent surtout les performatifs *request*, *query-if* et *inform*. En effet, les opérations de coordination au sein d'un SMA nécessitent avant tout de pouvoir déléguer des tâches (*request*) ou de s'informer de l'état de l'autre agent (*query-if* ou *query-ref*). Comme nous allons le montrer dans la prochaine section, nos hypothèses de travail nous ont conduit à définir d'autres performatifs que ceux proposés par la FIPA.

#### 1.2.2.4 Couche de gestion des interactions

Une composante essentielle des interactions multi-agents est la définition et l'utilisation de protocoles pour structurer les échanges de messages et garantir l'homogénéité du comportement des agents dans le système. Chaque protocole permet de résoudre un problème bien spécifique en agençant les messages.

L'utilisation de protocoles pose la question de la granularité de la décision d'un agent cognitif. En effet, si l'on considère que les agents doivent suivre un ensemble de protocoles pour accomplir une tâche, il faut placer la décision de l'agent au niveau du protocole et non pas au niveau des actions : la couche cognitive de l'agent décide, en fonction de l'état de l'agent, de s'engager ou non dans un protocole donné. L'agent doit alors être capable de gérer plusieurs protocoles en parallèle et de choisir ses actions en fonction des protocoles suivis. Des mécanismes spécifiques de traitement des exceptions dans un contexte multi-agent sont alors utilisés pour gérer les erreurs dans les protocoles et garantir la robustesse du système. La thèse d'Éric Platon [92] s'inscrit dans cette vision.

En revanche, si l'on place la décision au niveau des actions des agents comme nous l'avons fait dans le modèle présenté ici, c'est-à-dire si l'agent choisit ses interactions en fonction de son état uniquement, la prise en compte des protocoles doit se faire dans une couche d'interaction spécifique. C'est une approche que l'on retrouve dans les travaux de Quenum et al. [98] où la couche d'interaction détermine les actions de l'agent qui sont compatibles avec les protocoles proposés dans le SMA. C'est aussi l'approche que nous avons retenue dans nos travaux : les protocoles d'interaction sont gérés dans une couche spécifique.

Cela nous conduit à proposer l'architecture d'agent illustrée sur la figure 1.3. Dans cette architecture, un agent est muni de :

– une couche langage où sont définis les connaissances du monde qu'il manipule ainsi que des opérations de manipulation, qui peuvent intégrer des appels spécifiques à la couche d'interaction (pour initier un protocole). C'est le « code » de l'agent, c'est-à-dire sa partie programmable.

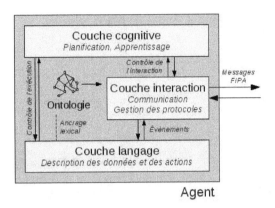

FIGURE 1.3 – Structure d'un agent dans notre modèle

- une couche d'interaction qui lui permet de gérer les communications avec les autres agents du SMA suivant des protocoles spécifiques. Nous proposons dans nos travaux un ensemble de protocoles adaptés aux questions que nous avons abordées et utilisant les performatifs spécifiques que nous avons définis.

  Cette couche est couplée à une ontologie de la tâche pour gérer les problèmes d'hétérogénéité sémantique, comme nous le verrons dans le chapitre 5. L'importance des ontologies dans les SMA est discutée dans la section 2.2.

- une couche cognitive qui permet d'adapter son comportement, par exemple par apprentissage. Cette couche « observe » le code de l'agent pour y trouver les informations nécessaires à la prise de décision et peut éventuellement le modifier. Elle communique aussi avec la couche d'interaction pour initier des protocoles spécifiques lorsque cela est nécessaire.

Cette architecture présente deux particularités fortes :

- bien que le code de l'agent peut contenir des comportements qui décrivent des protocoles (suivant une méthodologie « orientée tâche »), une grande partie des protocoles d'interaction est définie *a priori* dans la couche d'interaction ;
- la couche cognitive offre un ensemble de mécanismes de décision prédéfinis [8] mais le programmeur peut y adjoindre d'autres mécanismes de décision, ce qui offre une grande souplesse à notre modèle.

## 1.3 Problématiques

Notre modèle de SMA étant posé, nous présentons dans cette section les problèmes que nous avons abordé dans nos travaux sur l'interaction dans des systèmes ouverts et nous montrons comment cela nous a conduit à adopter une architecture d'agent introspectif.

L'une des propriétés fondamentales des SMA est que le comportement des agents n'est pas défini *a priori* mais qu'il résulte des interactions entre les différents agents. Notre objectif est donc de permettre aux agents de composer leurs fonctionnalités pour accomplir des objectifs définis localement (au niveau de l'agent) ou plus globalement (au niveau du système ou par l'utilisateur). Dans les systèmes que nous considérons, fondés sur l'envoi de message et la communication directe, les agents doivent, par exemple, atteindre un but nécessitant une donnée que connaît un

---

8. À titre d'exemple, nous avons développé un planificateur fondé sur SATPLAN [63] qui peut être utilisé pour un sous-ensemble d'agents dont le code est convertible en PDDL [42]. Nous verrons aussi dans la section 4.2 que nos algorithmes d'apprentissage des interactions sont situés dans cette couche.

autre ou demander à un de ses pairs d'exécuter une action qu'il ne peut effectuer lui-même. Selon les hypothèses que l'on pose sur le SMA, ces opérations peuvent être plus ou moins sources de difficultés.

### 1.3.1 SMA ouverts et faiblement couplés

Dans de nombreux systèmes multi-agents proposés dans la littérature, la nature des agents considérés est défini *a priori* par le concepteur du SMA. C'est le cas, par exemple, dans la plupart des modèles multi-agents pour la simulation de systèmes complexes [28]. Bien que le nombre d'agents de chaque catégorie n'est pas forcément connu *a priori* (des agents de chaque type considéré peuvent apparaître ou disparaître au fur et à mesure de la simulation), le système multi-agent est *fermé* et *fortement couplé* en ceci que de nouveaux types d'agents ne peuvent pas entrer dans le système en cours d'exécution et que les fonctionnalités et le comportement des agents qui composent le système respectent un ensemble de contraintes externes au système.

Considérer des systèmes fermés et fortement couplés permet de simplifier l'étude des SMA et, dans de nombreuses situations, il n'est pas raisonnable d'envisager une autre approche. Cette hypothèse permet de mieux aborder les problématiques d'IA distribuée dans le SMA (émergence de comportement [46], coordination et négociation multi-agent [20], *etc*). Cependant, avec la généralisation des réseaux et le nombre grandissant d'applications des SMA aux services web [24] ou aux systèmes ambiants [17], il est de plus en plus nécessaire de s'intéresser aux systèmes ouverts et plus faiblement couplés, c'est-à-dire dans lesquels chaque agent ne peut pas connaître à l'avance l'ensemble des fonctionnalités offertes par le système. En effet, de nouveaux agents peuvent entrer dans le système et proposer de nouvelles fonctionnalités ou, au contraire, sortir du système et emporter avec eux certaines capacités requises pour l'exécution du système selon un plan prédéfini.

Il est difficile de séparer clairement ouverture et couplage : un système fermé est nécessairement fortement couplé, puisque tous les agents sont connus *a priori*. Réciproquement, un système ne peut être réellement ouvert que si n'importe quelle catégorie d'agents peut entrer dans le système, et il est alors nécessairement faiblement couplé. Cependant, chacune de ces propriétés apporte des contraintes spécifiques que nous présentons ci-après.

### 1.3.2 Découverte de service

La prise en compte de l'ouverture dans les SMA soulève de nombreuses difficultés pour la composition des fonctionnalités des agents. La première est de pouvoir identifier l'ensemble des services offerts *au moment de l'exécution* (puisqu'ils ne sont pas connues à l'avance). La solution proposée dans l'architecture de la FIPA repose sur l'utilisation d'un service de page jaunes, ou *Directory Facilitator* (DF), auprès duquel les agents peuvent s'enregistrer en déclarant les services qu'ils peuvent offrir. Ce service peut être interrogé à tout moment pour demander quels sont les agents capables de répondre à un besoin donné.

L'utilisation du DF est en réalité plus problématique qu'il n'y parait, d'autant plus lorsque le système est fortement couplé. En effet, les agents ne peuvent pas connaître les actions que peut effectuer un agent nouvellement arrivé, pas plus qu'ils ne peuvent savoir *a priori* quelles sont les connaissances « visibles » dans le système (au sens de la section 1.2.2.2) que cet agent manipule. Il n'est donc pas réaliste de considérer qu'ils pourront interroger le DF à propos de fonctionnalités dont ils ignorent jusqu'à la possibilité d'exister.

Les agents doivent alors pouvoir découvrir dynamiquement les services offerts, et donc être capables de répondre à des questions telles que « qu'est-ce que je peux te demander de faire ? » ou « est-ce que tu es capable de satisfaire telle contrainte ? ». C'est pourquoi nous allons utiliser un modèle d'agent complètement introspectif, c'est-à-dire dans lequel le langage de définition du comportement est aussi le formalisme dans lequel l'agent s'exécute [108]. Cela permet à l'agent d'accéder *à tout moment de l'exécution* à une description précise de ses capacités, en terme de préconditions et d'effet. Nous proposons de définir un ensemble de performatifs et de protocoles spécifiques pour gérer ce type de requêtes et permettre aux agents de découvrir leurs fonctionnalités [25].

Cependant, l'information obtenue au moyen de ces requêtes ne peut avoir de sens pour un agent que s'il en connaît les effets. Concrètement, savoir que l'agent $A$ peut effectuer l'action $a$ si l'agent $B$ le lui demande est complètement différent de savoir que l'exécution de l'action $a$ conduit à l'état $e$ souhaité. Deux situations sont alors possibles :

– Si le but de la composition des services est connue *a priori*, par exemple parce qu'il a été exprimé par un utilisateur du système dans un formalisme compatible avec la description des fonctionnalités des agents, alors il est possible de définir un protocole qui compose dynamiquement les fonctionnalités pour se rapprocher du but. Il s'agit donc de chorégraphie dynamique de services.

– Si, au contraire, le but de la composition n'est pas connu des agents, ceux-ci doivent tester les actions possibles des autres agents puis récupérer les informations nécessaires pour évaluer les effets de ces actions (et mesurer à travers l'environnement si ces effets sont positifs ou non). Il s'agit donc d'apprentissage non-supervisé d'actes de communication.

Ces deux situations seront examinées au chapitre 4.

### 1.3.3 Hétérogénéité sémantique

Dans un système multi-agents fortement couplé, les fonctionnalités et le comportement des agents qui composent le système respectent un ensemble de contraintes externes au système. Ainsi, même si des agents avec de nouvelles fonctionnalités entrent dans le SMA, ces actions font partie intégrante du système de règles et, à supposer qu'elles ne soient pas connues *a priori* des autres agents, elles portent sur des concepts communs. Les concepts se sont appuyés sur les mêmes ontologies de domaine [36] et de tâche [79] pour concevoir leurs agents. Un agent qui interroge un autre agent sur ses capacités sera donc en mesure de comprendre la réponse par rapport aux définitions du système.

Mais dans un système faiblement couplé, cette inter-compréhension des agents est compromise puisque ceux-ci ne manipulent pas les mêmes concepts. Non seulement il n'est plus possible de s'appuyer sur le DF pour découvrir les fonctionnalités des agents, mais l'interprétation des requêtes des autres agents nécessitent des outils spécifiques d'interprétation sémantique. Comme nous le verrons dans le chapitre suivant, de nombreux travaux se sont attaqué à cette problématique, soit pour aligner les ontologies d'agents, soit (comme nous le proposons), pour gérer dynamiquement l'hétérogénéité sémantique entre les agents.

Pour aborder ce problème, nous proposons à nouveau de nous appuyer sur les capacités d'introspection des agents. Nous allons montrer que, s'il est possible de déterminer quelles sont les capacités d'un agent à un instant donné de son exécution, l'interprétation de requêtes peut être résolu en comparant le contenu du message avec les capacités des agents et en s'appuyant sur un protocole pour désambiguïser les requêtes qui doivent l'être. Dans ces travaux, nous faisons deux hypothèses fortes :

– Nous ne considérons que les messages de type « *request* » ;
– Nous supposons que l'agent qui interprète la requête a la capacité d'effectuer (seul) ce qui lui est demandé.

Le traitement de l'hétérogénéité sémantique dans notre modèle est étudié au chapitre 5.

### Remarque sur *l'homogénéité* syntaxique

Une autre difficulté qui apparaît lorsqu'on considère des SMA ouverts a déjà été évoquée dans la section précédente. Si le SMA propose un ensemble de protocoles d'interactions auxquels les agents savent qu'ils doivent se conformer pour accomplir certaines tâches, il faut qu'ils soient capables d'apparier leurs actions avec les opérations définies dans ces protocoles. Les travaux de Quenum et al. [97, 99] ont proposé une solution à ce problème. Dans cette solution, les agents sont introspectifs en ceci qu'ils peuvent non seulement déterminer à chaque instant de l'exécution quelles sont leurs actions possibles, mais qu'ils peuvent estimer en fonction de préconditions et d'effets si elles sont compatibles avec les protocoles considérés et dériver ainsi les interactions du SMA. Nous n'aborderons pas cette question dans nos travaux : nous supposerons que nos agents sont suffisamment homogènes et qu'ils utilisent les mêmes protocoles, gérés au niveau de la couche d'interaction. De même, comme nous le verrons aux chapitres 4 et 5, nous supposons que nos agents utilisent la même syntaxe pour la description de la commande (nos agents sont syntaxiquement homogènes).

## 1.4 Conclusion

Dans nos travaux, nous considérons des agents cognitifs munis de 3 couches : la couche langage, où est défini le code de l'agent ; la couche interaction qui est responsable de la gestion des protocoles ; la couche cognition qui contrôle le comportement autonome de l'agent. La boucle d'exécution procédurale détermine, à chaque cycle, l'ensemble des actions qui peuvent être effectuées au niveau de la couche langage. Ces actions sont effectuées en séquence pour modifier les données de l'agent ou envoyer des messages aux autres agents (et donc initier des protocoles d'interaction). Nos agents communiquent par envoi de messages structurés et la couche d'interaction utilise une représentation sémantique des connaissances et des actions des agents pour résoudre les problèmes d'hétérogénéité sémantique. Enfin, la couche cognition est constituée d'un ensemble d'observateurs qui consultent à chaque cycle le code de l'agent, qui reçoivent éventuellement des informations de la couche cognition et qui agissent en conséquence, soit pour contrôler les protocoles, soit pour modifier les données et les actions de l'agent. L'interaction avec l'environnement, aussi bien pour les opérations de perception et d'action que pour les opérations d'envoi de messages se fait de manière synchrone pour l'agent. En revanche, la communication entre agents reste asynchrone, empêchant toute hypothèse sur l'état d'un agent suite à l'envoi d'un message.

Les systèmes multi-agents que nous considérons sont ouverts et faiblement couplés, ce qui fait que nos agents ne peuvent faire aucune hypothèse sur les capacités ou les informations relevant des autres agents. Pour palier ce manque et permettre aux agents de composer leurs fonctionnalités, nous proposons d'utiliser les capacités d'introspection de notre modèle d'agent, c'est-à-dire la capacité d'extraire en cours d'exécution les actions possibles et les préconditions de ces actions, pour leur permettre de répondre à des requêtes sur leur propre fonctionnement, en complément des requêtes portant sur leurs données « publiques ».

Dans les chapitres suivants, nous allons tout d'abord présenter les travaux existants qui ont été à l'origine de nos recherches et de nos propositions. Nous allons ensuite montrer comment les capacités d'introspection peuvent être utilisés pour composer les fonctionnalités des agents et gérer l'hétérogénéité sémantique des agents. Nous proposons en premier lieu un ensemble de protocole d'interaction pour construire dynamiquement une chorégraphie de services lorsque le but à atteindre est connu *a priori* par un agent. Nous montrons ensuite comment les techniques d'apprentissage par renforcement peuvent être utilisées pour découvrir les fonctionnalités des agents et construire des politiques d'interaction optimales lorsque le but n'est pas connu des agents. Enfin, nous montrons comment un protocole d'interaction peut être utilisé pour gérer l'hétérogénéité sémantique des agents et permettre à un agent de déléguer une action à un autre agent, alors même que leur représentation du monde sont incompatibles.

# Chapitre 2

# Étude bibliographique

Les interactions sont au cœur des systèmes multi-agents puisque ce sont elles qui permettent la combinaison des fonctionnalités des agents pour faire émerger le comportement global du système. L'étude des interactions nous a donc naturellement conduit à explorer un large spectre du domaine.

La première partie de notre étude porte sur la composition de services, qui a été particulièrement étudiée dans le domaine des services web et des services web sémantiques. Nous montrons que les SMA proposent des solutions élégantes pour la composition de services et nous soulignons le besoin de chorégraphie dynamique de services.

Nous étudions ensuite le problème de l'hétérogénéité sémantique dans les SMA. En effet, pour pouvoir composer les fonctionnalités des agents, il est nécessaire que ceux-ci partagent la même conception du monde qu'ils manipulent. Nous montrons qu'il existe un vaste spectre de techniques, de l'alignement syntaxique aux protocoles de négociation, et nous discutons la nécessité et la manière de gérer cette hétérogénéité sémantique dans un contexte ouvert et faiblement couplé.

Dans une troisième partie, nous discutons des quelques travaux qui se sont intéressés à l'apprentissage automatique d'interactions dans les SMA. Nous montrons que, s'il existe de nombreuses recherches sur l'apprentissage de comportement dans un contexte SMA, la prise en compte des interactions soulève de nouvelles difficultés. Nous soulignons que les travaux utilisent souvent les interactions pour résoudre les problèmes d'apprentissage dans les SMA mais que peu de travaux se sont réellement attachés à l'apprentissage des interactions.

Enfin, nous étudions le cas particulier des interactions indirectes, c'est-à-dire s'effectuant à travers l'environnement. Ces travaux ont récemment connu une véritable expansion et la question est posée de la possibilité de s'appuyer sur l'environnement pour composer des fonctionnalités d'agents dans un système ouvert et faiblement couplé. Bien que nous n'utilisons pas d'interaction indirecte dans notre modèle, nous pensons qu'il est important de présenter les recherches récentes de ce domaine.

## 2.1 Composition de services

Si nous nous intéressons aux processus qui consistent à satisfaire les besoins d'utilisateurs humains exprimés dans des environnements ouverts et distribués tels que le web ou l'intelligence ambiante (AmI), nous pouvons considérer que les agents sont des entités capables de fournir des services conformément à la vision proposée par le W3C[1]. Dans ce contexte, lorsqu'un agent ou un utilisateur requiert de la part du système des services qu'aucun agent existant n'est apte à fournir seul, il devient nécessaire de combiner plusieurs services afin de répondre aux besoins énoncés. On parle de *composition de services*.

### 2.1.1 Chorégraphique dynamique de services

La composition de services vise à faire inter-opérer, interagir et coordonner plusieurs services pour la réalisation d'un but. Ce problème a été très étudié dans le domaine des services web [27] et les recherches existantes ont

---

1. http://www.w3.org/TR/2003/WD-ws-arch-20030514/

identifié trois angles sous lesquels cette coordination peut être décrite [9, 91] : la chorégraphie, l'interface de comportement et l'orchestration. La chorégraphie décrit les interactions entre une collection de services et ce d'un point de vue global. L'interface de comportement décrit l'ordre légal d'exécution des opérations spécifiques à un service. Enfin, l'orchestration décrit du point de vue d'un service les interactions de celui-ci ainsi que les étapes internes (ex. transformations de données, invocations à des modules internes) entre ses interactions.

Dans notre étude, nous souhaitons étudier les processus d'interaction entre les services pour répondre aux besoins de l'utilisateur. Ces processus nécessitent de spécifier les rôles des services impliqués, les échanges de messages entre les services jouant ces rôles ainsi que les contraintes sur l'ordre d'exécution des messages. En d'autres termes, ils requièrent la spécification d'une chorégraphie de services. Les travaux existants dans le domaine des services web (par exemple, le modèle WS-CDL [64]) se concentrent sur le développement de langages de chorégraphie pour décrire le rôle que chaque service doit jouer dans une interaction lors du processus de composition. Par conséquent, la chorégraphie des services, qui est par définition collaborative et dynamique, se voit implémentée de manière statique. Les services doivent respecter les spécifications fournies dans un document de chorégraphie décrivant les interactions et leur flot de contrôle [80]. Le but de composition à satisfaire est décrit de manière implicite par l'expert à travers les spécifications du document de chorégraphie. Ces limites font qu'il n'y a actuellement pas de solution dynamique pour le problème de la composition de services répondant à des besoins non préalablement définis au travers d'un plan de composition.

Attaquer cette problématique nécessiterait en effet de disposer de services qui collaborent de manière autonome afin d'atteindre un objectif donné. Cette opération s'apparente donc à la coordination entre agents autonomes, vue comme un processus d'agencement et de répartition des actions d'un système distribué dont le but est d'atteindre un objectif déterminé. Plusieurs mécanismes de coordination multi-agent ont été spécifiés afin d'aider les agents à construire des solutions seuls ou en coopération avec d'autres agents (par exemple, [117, 20, 29]). Les SMA sont donc particulièrement bien adaptés pour la conception d'une chorégraphie dynamique de services. Dans ce contexte, l'une des récentes réflexions pour les architectures orientées services (SOA) consiste à substituer le noyau orienté objet des services par un noyau orienté agent [56]. Les services peuvent alors prendre en compte les problématiques d'ouverture et de distribution de l'environnement et bénéficier des caractéristiques de proactivité, de flexibilité et d'adaptativité des agents. En outre, puisque les agents peuvent potentiellement participer à des interactions complexes tout en maintenant la coordination avec leurs accointants, les services pourraient être dotés des prérequis pour la modélisation d'une collaboration dynamique entre services.

Nous présentons dans la section suivante une analyse des mécanismes de coordination multi-agents existants appliqués au problème de la chorégraphique dynamique de services.

### 2.1.2 Analyse des modèles de coordination d'agents pour la composition de services

La coordination multi-agents utilise comme support des mécanismes tels que la formation de coalitions, la planification ou les protocoles d'interaction. Nous ne les décrivons pas en détail dans cette section. En revanche, nous analysons en fonction de chaque mécanisme les travaux en composition de services s'étant appuyés sur ces modèles de coordination multi-agents.

#### 2.1.2.1 La formation de coalition

Plusieurs travaux exploitant les technologies SMA pour la composition de services proposent d'utiliser des mécanismes de formation de coalitions [32, 83]. Par exemple, les travaux de Müller et al. [83] emploient un agent utilisateur qui publie dans un blackboard le but de composition à satisfaire. Ce but contient la description d'un workflow générique référençant des types de services (définis, par exemple, dans une ontologies des services comme dans les travaux sur les services web sémantiques [50]). Les agents-services existants, au delà d'une deadline d'inscription, récupèrent du blackboard les sous-buts à satisfaire, et procèdent à un appariement entre les types de services recherchés et les services qu'eux-mêmes proposent afin d'évaluer s'ils peuvent ou non contribuer à une coalition. Chaque agent-service peut ensuite proposer ou accepter la demande d'un autre agent-service pour former une coalition. Pour qu'un nouvel agent-service rejoigne une coalition, il doit être sujet au vote de tous les

26

agents-services la formant.

L'approche de Ermolayev et al. [32] exprime les besoins à satisfaire en terme de contraintes (par exemple, une borne sur le coût global du service obtenu par composition) et de préférences (sur les données en entrée ou en sortie du service). Les services sont alors composés à travers la coalition d'agents médiateurs qui ont pour rôle de réaliser les tâches requises par les services.

De façon générale, les agents dans les algorithmes de formation de coalition doivent atteindre un consensus afin que soit alloué à chacun un ensemble de tâches de sorte que les préférences de chaque agent soient satisfaites. Cependant, on considère dans ces algorithmes que les tâches ont été décomposées en amont et que chaque sous-tâche obtenue est monolithique. Ainsi, ces solutions se basent sur l'hypothèse qu'il existe des agents capables de satisfaire intégralement une ou plusieurs des sous-tâches à accomplir. De plus, les approches proposées utilisent des métriques d'évaluation quantitatives telles que le nombre de coalitions formées et abandonnées et négligent l'évaluation qualitative du résultat fourni par la composition de services en fonction de besoins à satisfaire (les besoins ont-il été intégralement satisfaits ? Quelles dépendances apparaissant dans la composition ? *etc*).

### 2.1.2.2  La planification distribuée

Les travaux en composition de services automatisent souvent le processus de composition en le traitant comme un problème de planification [130, 123, 95]. Par exemple, Traverso et al. [123] effectuent la planification en commençant par traduire les descriptions des services disponibles en systèmes d'états-transitions décrivant leurs interactions dynamiques avec des services externes. En effet, les services disponibles étant au départ définis dans le modèle OWL-S [70] qui permet de déclarer des processus à base de services web, leur transformation en systèmes d'états-transitions permet de les soumettre à un moteur de planification (et ensuite pour les auteurs de comparer les performances entre une approche de composition sémantique et une approche exécutable). La tâche de composition consiste alors à trouver un plan satisfaisant un but de composition dans le domaine des services disponibles. Les plans générés par l'algorithme de planification sont des automates pouvant être traduits en code exécutable.

L'outil SWORD [95] automatise la tâche de composition en utilisant des descriptions de services basées sur les règles. L'utilisateur spécifie les faits des états initial et final. Le planificateur tente alors de construire une chaîne de services pouvant satisfaire ces besoins. Enfin, les travaux de Bourdon et al. [15] ou ceux de Wu et al. [130] proposent d'utiliser des planificateurs de la famille HTN (Hierchical Task Network) pour la construction d'un plan global à partir des descriptions (préconditions, effets) des services.

De façon générale, dans les méthodes de planification distribuée (et en particulier dans la planification multi-agent orientée tâche [29]), on considère une tâche globale qu'un agent manager décompose en sous-tâches qui sont allouées à un ensemble d'agents coopératifs capables de les réaliser. Dans ce modèle, la coordination des sous-tâches (et donc des agents qui les accomplissent) est effectuée à travers le plan de l'agent *manager*. Cependant, la disponibilité des agents capables d'exécuter une sous-tâche n'est jamais garantie. En conséquence, plusieurs itérations pour décomposer et distribuer la tâche globale peuvent ainsi être nécessaires avant que les sous-tâches obtenues ne correspondent aux capacités d'agents existants, et que les agents n'exécutent réellement le plan. Finalement, dans ce modèle de coordination, aucune hypothèse n'est faite sur la manière dont les agents coopératifs vont réaliser leur(s) sous-tâche(s).

D'autres approches de planification, dites de partage de résultats, suggèrent de demander au programmeur de fournir la description du workflow [86]. Cependant, même si elles ont un coût réduit, ces stratégies demeurent statiques et conduisent à des solutions ad-hoc qui dépendent fortement de l'application. Enfin, les approches se basant sur la planification HTN (Hierchical Task Network) utilisent une planification qui en fait est très puissante pour les domaines où la connaissance est complète et détaillée, ce qui n'est pas le cas avec les services web, comme l'ont démontré Klush et al. [66].

### 2.1.2.3  Les protocoles d'interaction

À notre connaissance, les travaux de thèse de Yasmine Charif [23] sont parmi les premiers à proposer des protocoles d'interaction spécifiquement conçus pour le problème de la composition de services. Les travaux antérieurs qui s'en rapprochent et sur lesquels nous nous sommes appuyés sont par exemple ceux de Paurobally et al. [90]. Leur proposition est une transcription dans la description XML des services du protocole de Rubinstein alternant proposition et contre-proposition pour la négociation entre agents-services [104]. Un autre exemple important est le WS-Agreement [3] qui spécifie des conversations à deux étapes, une offre suivie d'un accord, pour l'établissement de contrats et d'accords entre un service fournisseur et un consommateur.

Ces protocoles d'interaction, ainsi que les protocoles proposés par la FIPA supposent de manière générale que les sous-tâches à réaliser sont monolithique (ou atomiques), c'est-à-dire que chaque agent peut soit effectuer intégralement la tâche demandée, soit ne pas l'exécuter du tout. Le cas où l'agent pourrait réaliser seulement une partie de la tâche n'est pas envisagé. Cela limite leur application dans la composition de service dans le mesure où la décomposition et la répartition du but global de composition doit s'effectuer sur la base des fonctionnalités disponibles et non en amont [32]. En effet, le Contract Net Protocol (CNP[2]) par exemple est un protocole simple où un l'agent initiateur envoie un message de performatif *cfp* (call for proposal) aux agents participants qui peuvent soit accepter soit refuser de réaliser l'intégralité de la tâche.

Enfin, ces protocoles négligent les possibles stratégies de raisonnement sur les capacités des agents participants. C'est la raison qui fait que ce protocole n'est appliqué que dans des problèmes où les tâches à accomplir sont bien définies et décomposées.

### 2.1.3 Discussion

Les travaux du domaine ont relevé plusieurs problématiques à prendre en considération pour le développement d'une approche de composition de services [22, 6] : la découverte de services (c'est-à-dire la possibilité pour les agents de trouver ceux qui peuvent effectuer telle ou telle tâche), la gestion et la coordination des services (par exemple à travers une chorégraphie dynamique), l'infrastructure d'échange d'information (par exemple, l'envoi de messages dans une plate-forme multi-agents), l'adaptativité (c'est-à-dire la capacité d'adapter un ensemble de services à un besoin non prévu initialement), la tolérance aux fautes et le passage à l'échelle (que nous n'aborderons pas ici). En particulier, un mécanisme de découverte de services efficace devrait permettre de trouver tous les services se conformant à une fonctionnalité donnée, et ce indépendamment de la façon de l'invoquer. C'est la raison pour laquelle des modèles tels que OWL-S [70] et WSMO [115] ont été proposés pour la description uniforme de services web sémantiques, tout en s'appuyant sur une ontologie de services pour définir leur sémantique.

Une bonne architecture de découverte de services devrait donc être capable d'effectuer un raisonnement sur la description des services afin de trouver les services appropriés. Or, dans un contexte ouvert et faiblement couplé, il n'est pas possible de garantir que toutes les propriétés recherchées sont satisfaites. En particulier, certaines propriétés peuvent être absentes de l'interface publique ou sémantique d'un service des services candidats ou, réciproquement, elles peuvent ne pas être exprimées (ni exprimables) par l'agent client dans sa requête (c'est-à-dire la formulation des besoins qu'il souhaite satisfaire). Nous pensons que ceci n'est pas un frein pour la découverte de services. Au contraire, l'adaptativité des services et la coordination entre services devraient permettre de palier ces manques. Chaque service pourrait en effet décomposer les tâches demandées sur la base de ses fonctionnalités et se coordonner avec ses pairs pour l'obtention des informations ou fonctionnalités requises pour la réalisation de l'intégralité de sa tâche.

Lorsque l'on confronte ces besoins pour le développement d'une approche de composition de services à l'analyse des modèles de coordination multi-agent existants, il apparaît finalement que la principale limite de leur application au problème de la chorégraphie dynamique de services s'inscrit dans l'hypothèse faite sur les tâches à satisfaire. On suppose que celles-ci sont décomposées en amont de la coordination alors que, au contraire, la tâche à accomplir devrait pouvoir être décomposée sur la base des fonctionnalités disponibles (en sous-tâches interdépendantes en terme d'exécution), et non en amont de la découverte et la coordination des services [32]. Cela nécessite que les agents puissent, avant tout, accéder à leurs données et leurs actions afin de raisonner dessus et déterminer si une tâche est complexe et nécessite ainsi le concours d'autres agents pour son accomplissement. Or, les plate-

---

2. http://www.fipa.org/specs/fipa00029/

28

formes de développement d'agents actuelles telles que JADE [3], JASON [4] ou JACK [5] ne permettent pas aux agents d'accéder de manière fine à leurs actions et à leurs données en cours d'exécution. En particulier, les préconditions et des effets des actions, évalués en cours d'exécution, permettent de déterminer quelles sont celles qui sont possibles, quelles données elles impactent, et ainsi de déterminer comment compléter un service ou résoudre un problème initialement non prévu. Cette information sémantique, explicitée dans les modèles de services web sémantiques [70] est justement absente de nombreuses plate-formes d'agents. De plus, les performatifs proposés par la FIPA ne permettent pas d'exprimer des questions ou des assertions à propos des capacités des agents, comme l'a montré Berger [13, 12], ou plus généralement d'exprimer le large spectre des interactions nécessaires dans tout processus d'argumentation [75]. Enfin, les protocoles d'interaction standards qui ont été proposés (le protocole Contract-Net en est un très bon exemple) ne prennent pas en compte des dépendances entre différentes sous-tâches issues de la décomposition d'une tâche globale.

En conséquence, même s'ils constituent un paradigme adapté pour traiter les problèmes de distribution, d'ouverture et de flexibilité de l'environnement des services web, les modèles de coordination existants ne suffisent pas en l'état à couvrir le problème de la chorégraphie de services. C'est pourquoi nous proposons au section 4.1 un modèle de coordination orienté tâche (*i.e.* dans lequel le but est défini de manière globale, comme c'est le cas lorsqu'on cherche à satisfaire, par exemple, les besoins de l'utilisateur du système). Dans cette optique, nous voulons concevoir un protocole d'interaction, fondé sur des agents capables d'observer leurs actions, de raisonner dessus, et d'interagir à propos de besoins librement exprimés par l'utilisateur et de leurs capacités propres. Ces agents peuvent ainsi prendre dynamiquement part à la décomposition d'une tâche à résoudre et de se coordonner avec d'autres agents afin de pallier leurs limites et ainsi adéquatement couvrir l'intégralité de la tâche demandée. Nous définirons tout d'abord (au chapitre 3) une architecture de services fondée sur des agents introspectifs puis nous spécifions le protocole de coordination supportant l'approche de chorégraphie dynamique de services (chapitre 4).

## 2.2 Gestion de l'hétérogénéité sémantique

Dans un système multi-agent ouvert, les agents sont amenés à communiquer pour résoudre les tâches et buts qui leurs sont assignés. Or, l'hypothèse même d'environnement ouvert rend impossible la définition à priori d'une seule ontologie partagée par tous les agents [19]. Ainsi, les recherches actuelles en ingénierie des connaissances et SMA s'orientent vers un modèle où chaque agent possède sa propre ontologie [67, 81]. Dans ce contexte, lorsqu'un agent *A* souhaite communiquer avec un agent *B*, il va utiliser sa propre ontologie pour construire ses messages. L'agent *B* recevra alors un message formulé selon les termes de l'ontologie de l'agent *A*, ce qui lui ne permet pas d'interpréter le message. Le problème de l'hétérogénéité dans les agents se situe donc dans la confrontation des ontologies des deux agents et la définition de méthodes pour les réconcilier. Cette section propose un aperçu des différents travaux de la littérature traitant du problème de l'hétérogénéité sémantique dans la communication agent-agent.

Nous discutons tout d'abord la notion d'ontologie dans un système interactif (en particulier au niveau d'un agent dans un SMA hétérogène). Nous proposons ensuite un aperçu des principes de base de l'alignement d'ontologie (indépendamment de son application dans les SMA). Puis nous présentons les différents types d'approches de résolution du problème d'hétérogénéité sémantique : les approches à base d'ontologie de référence ou globale (utilisant une troisième ontologie en médiation, ou construisant une troisième ontologie globale), les approches à base de négociation sémantique (définissant un protocole de communication pour construire et valider les alignements) et les approches à base d'optimisation d'alignement (cherchant à optimiser un alignement pré-existant grâce aux protocoles de communication).

### 2.2.1 Thésaurus, réseaux sémantiques et ontologies

Les recherches en SMA évoquent souvent la présence d'une ontologie pour les connaissances des agents (et en particulier comme élément du descripteur des messages), mais cette notion d'ontologie demeure le plus souvent

---

3. http://jade.tilab.com
4. http://jason.sourceforge.net
5. http://www.aosgrp.com/products/jack

29

abstraite, puisqu'elle n'intervient que lorsqu'on considère des systèmes ouverts et faiblement couplés. Derrière cette notion d'ontologie se cache en fait le besoin d'un *modèle de représentation des connaissances* pour l'agent qui permet, au delà de la base de connaissance, de modéliser les termes spécifiques à son domaine et ainsi de fournir une sémantique aux données manipulées par l'agent.

Il existe cependant différents types de modèles de connaissance. Ce que l'on trouve le plus souvent dans les SMA sont les *thesaurus*. Un thesaurus est un ensemble hiérarchique de termes clés représentant des concepts d'un domaine particulier. Ils sont organisés en thèmes et possèdent des liens sémantiques entre eux comme (par exemple) la synonymie, l'équivalence ou la relation hiérarchique d'hypéronimie (lien d'un concept vers un autre concept de sens plus large, comme par exemple carré et figure-géométrique). Le plus connu et le plus utilisé est probablement le Roget's Thesaurus [65]. Lorsque l'accent est mis sur la relation hiérarchique et sur l'instanciation des concepts, le modèle de représentation des connaissance est alors un *réseau sémantique*, dont l'exemple le plus utilisé dans la littérature sur les interactions est probablement WordNet [35]. La spécificité de wordnet est de proposer une définition pour plus de 156 000 mots de la langue anglaise, ce qui correspond environ à 118 000 concepts reliés par 300 000 arcs. Mais les grands absents des travaux en SMA sont les ontologies et les taxonomies augmentées. Une taxonomie augmentée est une taxonomie de concepts (*i.e.* les concepts sont reliés par des liens hiérarchiques) augmentée de relations non contraintes entre ces concepts (comme *partOf*). Une taxonomie augmentée est donc beaucoup plus expressive qu'une simple hiérarchie de concepts.

Parmi les hiérarchies composées de relations diverses, les langages d'ontologie (tel que OWL [118] proposé par le W3C) sont plus expressifs encore que les taxonomies augmentées. Ils permettent par exemple de définir des unions ou des disjonctions de classes, des contraintes de cardinalité, *etc.* Peu de travaux se sont intéressés à l'utilisation de modèles ontologiques dans les SMA (on peut citer toutefois les recherches de Payne et Tamma [67]).

### 2.2.2 Systèmes à base d'alignement d'ontologie

Le problème d'alignement d'ontologies consiste à trouver un ensemble d'associations entre un ensemble de concepts d'une ontologie A et un ensemble de concepts d'une ontologie B. Plus formellement, étant donné deux ontologies A et B, un alignement consiste à définir un ensemble de relations $\mathcal{R}$ (*équivalent, est plus général que*, etc) et une fonction d'association $m : A \times B \times \mathcal{R} \to [0,1]$ telle que $m(a,b,r) = x$ signifie que le concept $a$ de l'ontologie A est sémantiquement associé au concept $b \in B$ par la relation $r$ avec un poids de $x$.

Nous ne souhaitons pas présenter ici un descriptif complet et exhaustif des différents modèles proposés dans la littérature [6] mais nous pensons qu'il est important de distinguer trois catégories de méthodes d'alignement :
- Les méthodes structurelles [18, 14] qui s'appuient uniquement sur la structure en graphe de l'ontologie et les labels des concepts ;
- Les méthodes à base d'instances [57, 26] qui utilisent les ensembles d'instances communs aux deux ontologies pour inférer les équivalences entre les concepts ;
- Les méthodes par ontologie référente [1] qui utilisent une troisième ontologie médiatrice pour réconcilier les deux ontologies.

Toutes ces méthodes s'appuient sur une phase préliminaire d'alignement lexical (c'est-à-dire un ancrage des termes sur des critères uniquement lexicaux). Au niveau de l'agent, cette phase permet de relier les termes de la base de connaissance (c'est-à-dire du code défini dans la couche langage dans le modèle que nous avons proposé section 1.2.2.4) aux concepts de l'ontologie. L'alignement entre les ontologies des agents peut alors être effectué par un service externe d'alignement d'ontologies (proposé par l'environnement), sans que le fonctionnement de ce service ne rentre dans la description de la solution [67] ni au niveau du code des agents (couche langage), ni au niveau de la description des communications (couche interactions).

Néanmoins, toutes les méthodes d'alignement d'ontologie ne sont pas directement applicables à la communication dans les SMA. En effet, dans un système multi-agent, l'alignement entre les ontologies doit être :
- Calculable à la volée, parce que l'hypothèse d'un SMA ouvert ne supporte pas la possibilité que les alignements puissent être calculés *a priori*, avant la mise en route du système ou l'arrivée de nouveaux agents ;

---

6. Le lecteur intéressé pourra se référer aux états de l'art proposés par Kalfoglou [61] ou Euzenat [33] ou au site http://www.ontologymatching.org.

– Calculable en temps limité, pour ne pas ralentir les temps de communication entre agents, ce qui risquerait de poser des problèmes de synchronisation entre agents.

– Effectué de manière entièrement automatique (alors que la plupart des travaux proposent des approches semi-automatiques), puisque les agents ne peuvent pas faire appel à un expert humain en cours d'interaction.

Ces hypothèses font qu'il est difficile de définir un service d'alignement d'ontologies dans un SMA. Toutefois, les agents en interaction partagent généralement des buts et des capacités communes, même si les descriptions de ces buts et de ces capacités dans la couche langage de chaque agent sont hétérogènes. En pratique, cette hypothèse implique qu'il existe toujours un alignement acceptable entre deux ontologies de deux agents (bien qu'il ne soit pas possible d'affirmer que les agents posséderont exactement les mêmes concepts au même niveau de spécialisation). Dans les SMA, la plupart des méthodes d'alignement d'ontologies s'appuient sur une ontologie de référence.

### 2.2.3 SMA et ontologie référente

#### 2.2.3.1 Stuckenshmidt & Timm

Dans [119], le fait que deux agents voulant communiquer aient forcément une intersection de leurs connaissances non nulle se traduit par l'existence d'une ontologie de référence publique accessible par tous les agents. Ainsi, chaque agent possède sa propre ontologie privée ainsi qu'un alignement (fait à la main avant l'exécution du système) vers l'ontologie de référence.

Néanmoins, à la différence des approches classiques à ontologie de référence, l'objectif n'est pas ici de déduire un alignement entre les ontologies privées en utilisant les alignements vers l'ontologie de référence, mais de traduire toute commande d'un agent exprimé dans son ontologie privée en utilisant les termes de l'ontologie de référence. L'agent récepteur du message possédant aussi un alignement vers l'ontologie de référence peut alors traduire la commande en sa propre ontologie privée, en utilisant des mécanismes d'inférence issues de la logique propositionnelle.

L'avantage de cette proposition est qu'elle offre une solution simple pour l'hétérogénéité sémantique basée sur des inférences logiques de subsomption (donc rapide à traiter). Néanmoins, elle repose aussi sur l'hypothèse forte qu'il existe une ontologie de référence et que chaque agent du système possède un alignement vers celle-ci. Pour éviter le problème d'une très grande ontologie de référence pour tous les agents, l'auteur argumente qu'un agent peut connaître plusieurs alignement vers plusieurs ontologies de référence et que l'ontologie de référence sera alors choisie en fonction de celles connues par les deux agents communiquant. Mais le problème de la définition d'un alignement préalable reste posé, d'autant plus lorsqu'il y a un grand nombre d'ontologies de références.

#### 2.2.3.2 Valencia & Sansonnet

Le modèle de Valencia et Sansonnet repose sur l'utilisation d'outils de topologie algébrique pour résoudre le problème de l'hétérogénéité sémantique dans la communication [111]. Plus précisément, la base de connaissances des agents est modélisée sous la forme d'un modèle simpliciel, c'est-à-dire d'un assemblage de simplexes [7] regroupés par leurs n-arêtes communes. En effet, il est possible d'écrire des règles de conversions permettant de traduire toute relation binaire d'un ensemble $A$ vers un ensemble $B$ (par exemple la table attribut-valeurs issue de la base de connaissance des agents) en complexe simplicial. Valencia a proposé dans sa thèse un ensemble complet de règles pour traduire une base de connaissances formalisée en logique de description vers un complexe simplicial [124]. Chaque agent possède alors en guise d'ontologie un complexe simplicial pour représenter sa base de connaissances. À l'aide de méthodes d'alignement morphologiques et syntaxiques, les auteurs déterminent alors la partie commune aux deux ontologies (appelée *ground*). Le système d'alignement calcule alors dans le complexe simplicial de l'agent émetteur le plus court chemin (ou *q-chaîne*) qui relie le concept à aligner (représenté par un simplex) avec un concept (simplex) du ground puis, en utilisant des méthodes issues du raisonnement à partir de cas, effectue ce chemin à l'envers dans l'ontologie de l'agent récepteur pour déterminer le concept correspondant. Ce chemin caractérise donc l'alignement entre les concepts des deux ontologies.

---

7. Un simplexe est la généralisation de la notion de triangle à dimension $n$ quelconque. Un 0-simplexe est un point. Un 1-simplexe est une arête, un 2-simplexe un triangle du plan, un 3-simplexe un tetraèdre, *etc.*

L'originalité de cette approche est qu'elle utilise un modèle de topologie algébrique pour représenter les connaissances, ce qui permet de mettre en place de nouvelles solutions pour la recherche d'alignement entre concepts. De plus, ce formalisme permet de modéliser une large classe de bases de connaissances, dès lors que les règles de conversion des données en simplexes ont été énoncées. Néanmoins, la méthode de recherche de chemin sémantique par analogie pose les mêmes difficultés que les travaux sur l'alignement structurel : rien n'indique lorsque l'on suit un chemin purement structurel qu'il ait un sens sémantiquement (la thèse de Laurent Mazuel [72] a mis en évidence plusieurs problèmes de ce type). De plus, l'algorithme mis en place pour la construction de cette q-chaîne est fortement combinatoire et l'exploration complète de toute les solutions est difficile, ce qui rend cette approche peu utilisable dans un contexte SMA.

#### 2.2.3.3 Anemone

Le système Anemone (AN Effective Minimal Ontology Negotiation Environment) [26] est un système à mi-chemin entre une approche par négociation sémantique (que nous présentons dans la section suivante) et une approche par ontologie de référence. L'objectif du système Anemone est de proposer un protocole de communication agent permettant la création d'une unique ontologie partagée utilisable pour communiquer sans problème d'hétérogénéité sémantique.

Le principe du protocole de communication est défini à l'aide de 3 niveaux : au premier niveau, les agents s'envoient des messages de manière classique et respectent les protocoles définis pour le système. Si un concept dans un message n'est pas compris, l'agent récepteur demande une définition du concept à l'aide d'un performatif spécifique et nous passons au niveau suivant. Dans ce niveau, une définition correspond à un alignement avec d'autres concepts d'autres ontologies que connaît l'agent émetteur. L'agent récepteur, s'il connaît les ontologies concernées, peut alors interpréter le message. Dans le cas contraire, il demande un passage au troisième niveau. Ce niveau permet d'obtenir une *explication* d'un concept par une méthode de comparaison d'instances comme [57].

L'avantage d'Anemone est de proposer une solution réellement multi-agent alors que la plupart des autres solutions se focalisent en particulier sur un problème de communication à deux agents. Dans Anemone, l'ensemble des agents construisent l'ontologie de référence à l'aide du protocole d'explication et en conservant les explications qui obtiennent la plus forte adhésion des autres agents. Ce type d'approches reposant sur la construction ou l'utilisation d'une troisième ontologie permet de gérer la communication sur un grand groupe d'agents (en particulier si tous les agents utilisent la même ontologie de référence) pour éliminer le problème d'alignement. Néanmoins, cela suppose qu'il est possible de construire une ontologie unique et commune, ce qui pose à la fois le problème de la taille et de la faisabilité d'une telle ontologie (devant couvrir tous les domaines de tous les agents) et celui de la dynamicité (ou de la révision) de connaissances dans un système ouvert où les agents peuvent entrer et sortir librement.

### 2.2.4 Système Multi-Agents et négociation sémantique

#### 2.2.4.1 Morge & Routier

L'une des hypothèses principales des travaux de Morge et al. [81] est qu'il n'est pas systématiquement possible d'aligner les ontologies des agents en jeux. En particulier, il semble impossible de garantir que l'alignement obtenu sera correct et complet. Or, si l'alignement est imparfait, la communication devient difficile voire inopérante. C'est pourquoi les auteurs proposent de gérer le problème de l'hétérogénéité sémantique directement en cours de communication au moyen d'un protocole de négociation sémantique. C'est ce type d'hypothèses que nous avons repris dans nos travaux au chapitre 5.

Dans ce protocole, chaque agent (émetteur ou récepteur) peut utiliser un certain nombre de performatifs (*question, request, assert, propose, refuse, reject, unknow, concede, challenge* et *withdraw*) pour argumenter sa conception du monde et ses croyances personnelles. Le principal avantage de cette approche est de proposer de gérer le problème de l'alignement incorrect (qui a été très peu abordé dans la littérature) en utilisant un protocole de communication basé sur des performatifs spécifiques pour résoudre le problème de l'hétérogénéité sémantique. Néanmoins, les situations considérées dans le modèle de Morge et al. restent relativement simples (diamant de Nixon, *etc*) et le modèle n'a pas été évalué. Dans les exemples considérés, les agents possèdent des ontologies quasiment identiques et les auteurs considèrent que l'échange d'axiomes logiques ne pose pas de problème d'interprétation. Il apparaît ainsi clairement qu'ignorer totalement le problème de l'alignement d'ontologies n'est pas non plus une solution.

### 2.2.4.2 Hisene2

Le système HISENE2 [44] est très proche du système Anemone présenté précédemment : l'objectif est de proposer un protocole de négociation sémantique permettant à deux agents de se mettre d'accord sur les équivalences entre les termes de leurs ontologies. Pour cela, les agents construisent des *explications* des concepts qui leurs sont inconnus en utilisant le protocole de négociation et l'ontologie des autres agents. L'une des originalités de l'approche est qu'elle prend en compte la notion de réputation permettant d'influer sur le cours de la négociation sémantique en fonction de la confiance qu'un agent porte à un autre agent.

Chaque concept de l'ontologie d'un agent HISENE est défini à l'aide d'un ensemble de termes. Une explication d'un concept pour un agent peut être vue comme un tuple $\langle e, E, ea, A, c \rangle$ où $e$ est le concept expliqué, $E$ l'ensemble des termes qui constituent l'explication de ce concept, $ea$ est l'agent proposant cette explication, $A$ est l'ensemble des agents qui sont d'accord avec cette explication et $c \in [0, 1]$ le score de confiance accordée à cette explication. Un performatif spécifique *feedback* permet de définir des messages de demande d'explication. Le système ne définit pas de solution pour le calcul de ces explications (l'ontologie telle qu'elle est envisagée dans HISENE est réduite à un lexique, sans aucune structure) mais l'approche est facilement adaptable à des systèmes plus complexes de gestion d'hétérogénéité sémantique.

Ce type d'approches à base de négociation sémantique propose de résoudre le problème d'hétérogénéité sémantique en ne passant que par un protocole d'interaction. Si communiquer pour s'expliquer des concepts est une méthode efficace, il apparaît qu'elle est surtout applicable lorsque les agents possèdent des ontologies très similaires (Morge) ou faiblement structurées (Hisene). Cette hypothèse sur la structure des ontologies est très forte et limite l'utilisation de ce type d'approche sur des agents très hétérogènes.

### 2.2.5 Système Multi-Agents et optimisation d'alignement

#### 2.2.5.1 Laera & Tamma

L'une des difficultés posées par les méthodes automatiques ou semi-automatiques de construction d'alignement que nous avons vues section 2.2.2 est que le résultat est fortement dépendant de la manière dont sont construites les ontologies. Par exemple, les méthodes à base d'instances sont fortement dépendantes du nombre d'instances pour chaque concept.

L'objectif des travaux de [67] est de chercher à optimiser l'alignement des ontologies de deux agents en tenant compte du fait que l'agent sait comment est construite son ontologie. L'agent possède ainsi une liste de préférences sur les méthodes à utiliser pour aligner son ontologie avec un autre agent (par exemple, un agent aura une préférence pour les alignements par instances si son ontologie en contient beaucoup). En tenant compte des préférences des deux agents en interaction ainsi que d'un ensemble de correspondances établi par un service extérieur d'alignement d'ontologies, il est possible de valider ou de refuser un certain nombre de propositions d'alignements.

En utilisant un système proche de la résolution de contraintes, les auteurs proposent alors de trouver le sous-ensemble d'alignements qui maximise les préférences de chaque agent. L'évaluation décrite dans l'article montre des résultats globalement meilleurs que les approches classiques d'alignement d'ontologies (*i.e.* alignement direct sans négociation entre agents). Néanmoins, dans le cas où deux agents possèdent des ensembles de préférences totalement différents, aucun alignement ne sera considéré comme valide et la communication sera impossible (alors que les méthodes proposées précédemment peuvent aboutir à des résultats corrects). Ainsi, dans un SMA ouvert, la situation d'un alignement donné entre deux concepts pour agents peut varier entre deux extrêmes : soit l'alignement n'est pas optimal mais est complet et imparfait, soit l'alignement est optimal mais est incomplet (ces deux cas représentent d'ailleurs l'hypothèse de travail que nous avons considérée dans notre proposition présentée dans le chapitre 5). Enfin, une autre difficulté posée par cette approche est qu'elle suppose que le service d'alignement d'ontologie puisse fournir un ensemble de justifications pour chaque alignement possible, ce qui est très rarement le cas dans les outils existants.

### 2.2.5.2 Atencia & Schorlemmer

Les travaux de Atencia et al. [5] s'intéressent particulièrement à l'aspect dynamique de la recherche d'un alignement. En particulier, à contre-pied de la plupart des travaux précédents, ils pensent qu'un alignement ne peut être valable qu'en fonction du contexte où il est construit et qu'il faut ainsi le remettre en question à chaque fois que le contexte change.

Pour attaquer ce problème, les auteurs reprennent le formalisme de la théorie des jeux d'informations [10]. Lorsque deux agents communiquent, ils s'échangent leurs visions globales du monde (en plus des informations relatives au message). En comparant les deux modélisations (au moyen d'un système d'inférences), les agents sont alors capable de distinguer quelles sont les termes hétérogènes qui désignent les mêmes objets. Une fois ce travail d'identification effectué, les agents sont capables d'inter-opérer.

Si ce travail est l'un des seuls à poser explicitement la question de la validité dans le temps d'un alignement construit entre deux agents (et donc de la nécessité de calculer les alignements à chaque interaction), il repose sur l'hypothèse que les agents peuvent s'échanger la totalité de leur ontologie ainsi que l'intégralité de leur base de connaissances (dont on peut supposer qu'elle est confondue avec l'ontologie, comme dans SNePS [116]), ce qui n'est pas réaliste en pratique.

### 2.2.6 Conclusion

Les travaux du domaine soulèvent plusieurs problématiques pour le traitement du problème de l'hétérogénéité sémantique dans les interactions multi-agents. Alors que les approches à base d'ontologie de référence sont les plus répandues dans les SMA, elle nécessitent un ancrage des concepts manipulés par l'agent dans l'ontologie commune. Cet ancrage est généralement effectué *a priori* et de manière semi-automatique. Les approches à base de co-construction d'une ontologie commune à l'aide de protocoles d'interaction ont l'avantage de mieux prendre en compte la problématique d'ouverture dans les SMA mais l'existence d'une convergence vers une telle ontologie « de tous les domaines » et possibilité de la maintenir dans le temps sont sujettes à discussion (et ce depuis que les ingénieurs de la connaissance se sont intéressés aux ontologies en informatique).

Nous nous sommes particulièrement intéressés aux travaux sur la négociation sémantique à l'aide de protocoles multi-agents car elles permettent de prendre en compte l'aspect dynamique des interactions et donc des alignements. Les travaux actuels se sont surtout focalisés sur la négociation et l'obtention d'un accord sur la définition des concepts, ce qui implique que tout concept puisse avoir une définition dans l'ontologie de l'interlocuteur. Or dans un SMA faiblement couplé, cette hypothèse ne tient pas : les ontologies des agents sont différentes, même lorsque leur intersection n'est pas vide, elles ne définissent pas forcément les mêmes concepts. C'est pourquoi nous avons proposé, dans le chapitre 5, un autre protocole de négociation sémantique qui ne s'intéresse pas à la construction d'une définition mais qui vise simplement à garantir que le message est bien compris par l'agent récepteur. Nous nous sommes donc concentrés sur l'interprétation sémantique des requêtes dans le cadre d'alignements imparfaits (concepts mal compris ou non directement traduisibles).

## 2.3 Apprentissage d'interactions

Dans un contexte de SMA ouvert et faiblement couplé, il n'est pas raisonnable d'envisager que les agents sachent *a priori* quels messages ils peuvent envoyer à leurs pairs et comment ces messages influencent l'exécution du système pour satisfaire leurs objectifs.

L'approche généralement prônée dans la littérature multi-agent, qui s'inspire des méthodes de composition de services, s'appuie sur l'utilisation d'un annuaire (ou Directory Facilitator dans la nomenclature FIPA) auprès duquel les agents enregistrent leurs services. Un agent peut alors savoir à quel agent demander quelle opération... à condition que tous les agents partagent une ontologie de tâche commune, où les actions sont précisément décrites en termes de préconditions et d'effets (d'où les langages d'ontologies de services comme OWL-S [70] ou WSMO [8]). Dans contexte ouvert et hétérogène, cette hypothèse ne tient plus et chaque agent doit pouvoir « découvrir » son environnement, c'est-à-dire quelles interactions il peut effectuer et comment ces interactions le rapprochent de son objectif. Pour atteindre cet objectif, il est nécessaire de se pencher sur le lien entre la couche cognitive et la couche interaction de l'agent : est-il possible pour un agent d'apprendre à communiquer et comment cet apprentissage peut-il être couplé avec l'apprentissage d'action par la couche cognitive ?

De nombreux travaux se sont en effet intéressés à l'apprentissage de comportement dans les SMA mais l'apprentissage des interactions reste un domaine émergent, encore peu étudié. Dans la prochaine section, nous présentons une technique simple d'apprentissage par renforcement et nous discutons des problèmes que ce type d'approche pose dans un contexte de SMA ouvert et asynchrone. Nous présentons ensuite quelques travaux de la littérature couplant apprentissage par renforcement et interactions multi-agent et nous montrons qu'il est possible (et souhaitable) de définir des mécanismes d'apprentissage de communication.

### 2.3.1 Apprentissage par renforcement

#### 2.3.1.1 Processus Décisionnels de Markov

Un Processus Décisionnel de Markov (PDM) est un processus stochastique contrôlé satisfaisant la propriété de Markov [96]. On le définit par un tuple $\langle S,A,P,R \rangle$ tel que :
- $S$ est l'ensemble des états ;
- $A$ est l'ensemble des actions ;
- $P : S \times A \times S \longrightarrow [0,1]$ est la fonction de transition. Elle définit la probabilité pour un agent de se trouver dans l'état $s' \in S$ après qu'il a effectué l'action $a$ dans l'état $s$.
- $R : S \times A \longrightarrow \mathbb{R}$ est la fonction de récompense associée à chaque transition.

Les PDM permettent de modéliser l'évolution d'un système, en particulier de l'environnement dans lequel évolue un agent en fonction des actions qu'il effectue : à chaque pas de temps, l'agent observe l'état courant $s \in S$, choisit une action $a \in A$ qu'il exécute. Il se retrouve dans un état $s'$ dépendant de la fonction $P$ et reçoit une récompense $R(s,a)$.

Un PDM vérifie la propriété de Markov, dans le sens où la fonction de transition de l'environnement ne dépend que de l'état précédent de l'agent ainsi que de l'action que celui-ci vient d'effectuer et non de l'ensemble des actions et des états passés de l'agent :

$$\forall s' \in S \quad P(s,a,s') = p(s_{t+1} = s' | a_t, s_t) = p(s_{t+1} = s' | a_t, s_t, a_{t-1}, s_{t-1}, ..., a_0, s_0)$$

#### 2.3.1.2 Apprentissage et résolution d'un PDM

On appelle politique une fonction $\pi : S \longrightarrow A$ qui définit l'action $a$ choisie par l'agent en fonction de l'état observé $s$. La résolution d'un PDM consiste à trouver la politique optimale $\pi^*$ qui maximise la récompense. Lorsque l'agent connaît les fonctions $P$ et $R$, il est possible d'utiliser des systèmes de programmation dynamique pour résoudre le PDM [11, 55]. Mais dans le cas général, l'agent n'a pas accès à ces fonctions et on se situe alors dans le cadre de l'apprentissage par renforcement [120].

L'une des techniques probablement les plus répandues pour résoudre un PDM chez un agent manipulant des connaissances symboliques (comme c'est le cas dans notre étude) est le Q-Learning [125]. Il s'agit d'apprendre itérativement une fonction $Q : S \times A \longrightarrow \mathbb{R}$ qui approxime la fonction de récompense $R$ du PDM. Initialement, $\forall s \in S, \forall a \in A \quad Q(s,a) = 0$ et la politique de l'agent est pseudo-aléatoire. À chaque pas de temps, l'agent effectue une action $a = \pi(s)$ suivant la politique $\pi$ et modifie la valeur de $Q$ de la manière suivante :

$$Q(s,a)_{t+1} = Q(s,a)_t + \alpha_s.(R(s,a)_t + \gamma.max_a\{Q(s',a)\} - Q(s,a)_t)$$

Le facteur d'apprentissage $\alpha_s$ détermine dans quelle mesure la nouvelle information doit être prise en compte (si $\alpha_s = 0$, l'agent n'apprend rien ; si $\alpha_s = 1$, $Q(s,a)$ ne dépend que de la dernière récompense obtenue). Le facteur

---

8. http://www.wsmo.org/

de réduction γ permet de prendre en compte les récompenses futures (si $\gamma = 0$, l'agent ne prend en compte que la récompense immédiate ; plus γ se rapproche de 1, plus les actions qui produisent des récompenses à long terme seront renforcées).

La politique π est pseudo-aléatoire et souvent fondée sur la température de Boltzmann :

$$p(\pi(s) = a) = \frac{e^{Q(s,a)/T_t}}{\sum_{b \in A} e^{Q(s,a)/T_t}}$$

où $T_t$ représente la température qui diminue au fur et à mesure de l'exécution. Au début, la température est très élevée et la probabilité de choisir une action $a$ est uniforme. Plus la température diminue et se rapproche de 0, plus la probabilité de choisir l'action $a$ dépend de la valeur de $Q(s,a)$ : pour un état $s$ donné, les actions pour lesquelles $Q(s,a)$ est élevé ont plus de chance d'être élues.

Il a été montré que si $\gamma < 1$ et si chaque couple $(s,a)$ est visité un nombre infini de fois avec $\alpha_s$ tendant vers 0, alors les valeurs de $Q$ convergent vers la politique optimale $\pi^*$ [58] (l'action $a$ qui a la meilleure valeur $Q(s,a)$ pour un état $s$ donné correspond à $\pi^*(s)$).

### 2.3.2 Apprentissage et SMA

Dans un contexte multi-agent, plusieurs problèmes apparaissent :
– Premièrement, l'environnement (au sens des PDM) est constitué de l'ensemble des agents du système, y compris de leurs données internes auxquelles l'agent apprenant ne peut pas avoir accès. Nous sommes donc dans un contexte dit « partiellement observable ».
– Deuxièmement, l'état du système dépend non seulement des actions qu'effectue l'agent, mais aussi de celles qu'effectuent les autres agents. Si les agents sont asynchrones, ces actions ont toutes des durées d'exécution différentes et sont entrelacées. On parle alors de « semi-markovité ».
– Troisièmement, parce que les agents interagissent entre eux, par exemple pour déléguer des tâches, il est possible que l'état d'une donnée du système dépende non seulement des actions effectuées au cycle précédent par l'agent, mais aussi de ses interactions précédentes (par exemple s'il a demandé dans le passé à un agent d'effectuer une action sur cette donnée). La propriété de Markov n'est donc plus vérifiée.

Pour toutes ces raisons, l'utilisation d'un algorithme d'apprentissage par renforcement dans un contexte multi-agent est un problème difficile. Les travaux existants dans la littérature montrent cependant qu'il est possible de proposer des solutions.

#### 2.3.2.1 PDM Partiellement Observable

Un processus décisionnel markovien partiellement observable PDMPO est un PDM dans lequel l'agent ne connaît pas l'état réel de l'environnement mais n'a accès qu'à une observation partielle de cet environnement. Par conséquent une même observation de l'agent correspond à plusieurs états de l'environnement [21]. Un PDMPO est un tuple $\langle S, A, P, R, \Omega, O \rangle$ où :
– $\langle S, A, P, R \rangle$ est un PDM ;
– $\Omega$ est l'ensemble des observations possibles de l'agent ;
– $O : S \times \Omega \longrightarrow [0,1]$ est la fonction d'observation. Elle correspond à la probabilité d'observer $\omega \in \Omega$ sachant dans l'état $s \in S$.

Notons qu'un PDMPO ne vérifie pas la propriété de Markov, puisque la probabilité d'observer $\omega_t$ ne dépend pas uniquement de l'observation précédente $\omega_{t-1}$ de l'agent et de l'action $a_{t-1} = \pi(\omega_{t-1})$ qu'il a effectuée suivant sa politique π, mais aussi de l'état précédent $s_{t-1}$ dans lequel il se trouvait (et qu'il ne connaît pas). Il n'est donc pas possible d'utiliser directement un algorithme comme le Q-Learning sur un PDMPO.

Si l'on connaît le PDM sous-jacent, il est possible d'utiliser une approche fondée sur l'estimation des états de l'agent à partir des observations [4, 60]. Dans un SMA, le PDM sous-jacent n'est pas connu et cette méthode n'est pas applicable. Cependant, il est théoriquement possible de différencier les états se cachant sous une même observation (et donc de ramener le problème à la résolution d'un PDM classique) en mémorisant les actions et les observations effectuées par l'agent [76, 30]. En pratique, dans l'approche de Dutech [30], le système ne pouvant pas disposer d'une mémoire infinie, les algorithmes proposés déterminent de manière itérative la taille de mémoire nécessaire et suffisante pour déterminer les états cachés derrière les observations de l'agent. Au bout de $N$ itérations de l'algorithme de Q-Learning, les $x$ états jugés les plus ambigus sont munis d'un cran de mémoire supplémentaire (et donc partitionnés en autant d'états qu'il existe de valeurs possibles à mémoriser) et la température est réinitialisée.

Pour déterminer les états ambigus, Dutech propose d'utiliser une heuristique fondée sur trois critères :

– Convergence : l'expérience montre que si un état observé $\omega$ est ambigu (une même observation correspond à plusieurs états possibles), alors la valeur $Q(\omega,a)$ converge plus lentement pour toutes les actions $a$.

– Nombres de mises à jour : selon les auteurs, un élément a plus de chances d'être ambigu si son nombre de mises à jour est grand. En effet un élément visité plusieurs fois peut correspondre à plusieurs états du PDM sous-jacent au PDMPO.

– Ambiguïté dans les actions : si l'action optimale d'un état n'est pas clairement définie car les valeur de Q des deux meilleures actions sont très proche, l'élément sera considéré comme ambigu.

#### 2.3.2.2 Observation par interactions

Les travaux précédents se situent uniquement dans un cadre mono-agent et ne sont pas applicables directement dans un SMA, car il font l'hypothèse qu'un seul agent intervient sur l'environnement. Une approche assez répandue dans les SMA pour résoudre les problèmes d'apprentissage dans un cadre partiellement observable consiste à utiliser les interactions entre les agents pour obtenir les informations manquantes et donc désambiguïser les états [122, 71, 121]. Dans ces travaux, le SMA est fermé et fortement couplé : les agents connaissent à l'avance les données de l'environnement et utilisent des messages de performatif $query - if$ pour traiter les états cachés. Chaque agent sait donc quand et avec qui il faut communiquer pour résoudre les ambiguïtés.

De plus, dans le modèle d'interaction proposé par [71], la communication se fait uniquement par broadcast et de manière synchrone : chaque agent envoient à chaque cycle d'exécution les informations qu'il juge pertinentes à tous les autres agents du système et le message émis est reçu et traité immédiatement par tous les pairs. Ainsi les agents obtiennent les connaissances qui leur manquent au moment même où elles sont modifiées.

Une telle approche n'est pas envisageable dans nos travaux pour plusieurs raisons. Tout d'abord, nous souhaitons prendre en compte la situation où les agents ne se connaissent pas *a priori* et doivent découvrir à propos de quoi ils peuvent communiquer et avec qui. C'est pourquoi nous proposons dans la section 4.2 un algorithme d'apprentissage d'interactions dans un cadre multi-agent partiellement observable. De plus, nous nous situons dans un cadre asynchrone, ce qui impose de nouvelles contraintes.

#### 2.3.2.3 Processus Décisionnels Semi-Markoviens

Le second problème dans les PDM est que les actions sont toutes considérées comme atomiques, en ceci qu'elles sont exécutées sur un seul pas de temps. Si cette hypothèse est acceptable dans le cas d'un agent modifiant sa base de connaissances ou des données de l'environnement de manière synchrone, elle n'est plus envisageable lorsqu'on considère des agents en interaction dans un SMA asynchrone. En effet, si l'on considère l'ensemble des actions du système, les opérations effectuées sont entrelacées dans le temps et il n'est pas possible de modéliser ce fonctionnement à l'aide d'un PDM.

Ce problème apparaît en particulier lorsqu'on considère les interactions entre les agents. Lorsqu'un agent envoie un message à un autre agent (par exemple pour demander l'exécution d'une action spécifique), il ne peut pas savoir à l'avance quand celui-ci va lui répondre ou quand sa demande sera satisfaite, c'est-à-dire quand son action sera terminée. Ainsi, du point de vue d'un seul agent apprenant, l'action de communication ne peut pas être modélisée dans un PDM de la même manière que les actions internes.

Dans notre modèle, comme nous l'avons annoncé dans la section 1.2.2.4, les interactions sont gérées par les agents au même niveau que les actions et nous voudrions que la couche cognitive puisse sélectionner non seulement les actions internes, mais aussi les actions de communication. Or parce que toutes ces actions agissent sur les mêmes données de l'agent, il est impossible de les considérer séparément (par exemple en utilisant un PDM pour chaque protocole d'interaction initié).

Pour résoudre ce problème, il est possible d'utiliser les Processus Décisionnel Semi-Markoviens (PDSM) qui permettent de modéliser des PDM avec des actions à durée variable [96]. La fonction de transition devient alors $P(t, s'|s, a)$ qui décrit la probabilité de se trouver dans l'état $s'$ au bout de $t$ pas de temps si on se trouve dans l'état $s$ et que l'on effectue l'action $a$. L'un des avantages est qu'il est possible d'étendre les algorithmes classiques définis sur les PDM (comme le Q-Learning) aux PDSM [16], en regroupant les séquences d'actions cohérentes (par exemple un protocole d'interaction et les actions qui y sont associées) en *options*. Si l'agent n'effectue pas deux options en parallèle et s'il conserve la même politique $\pi$ pendant toute la durée de chaque option, alors le problème peut être résolu à l'aide du Q-Learning.

Soulignons que si l'utilisation des options est bien adaptée à un SMA, elle suppose que l'agent reçoive systématiquement une réponse à ses messages pour « clôturer » le protocole. Cela pose évidemment des problèmes de robustesse que nous n'aborderons pas ici.

### 2.3.3 Apprentissage et interactions

Dans le domaine de l'apprentissage multi-agent, la communication joue un rôle majeur car elle permet d'échanger des informations qui ne sont pas visibles pour l'agent et qui pourtant sont essentielles pour l'apprentissage, comme nous l'avons montré précédemment. Cependant, l'apprentissage des actes de communication eux mêmes (quel performatif et quel contenu, quand et à qui) n'a pas été encore beaucoup étudié dans le cadre des processus décisionnels de Markov. Dans cette section, nous discutons de travaux couplant apprentissage et interactions dans les SMA.

#### 2.3.3.1 Apprendre quand interagir

Les travaux que nous avons présentés section 2.3.2.2 se sont intéressés à l'utilisation des interactions multi-agent pour résoudre les problèmes de convergence des algorithmes d'apprentissage dans un cadre partiellement observable. Au delà des limites que nous avons déjà évoquées, inhérentes à ces approches qui supposent un environnement synchrone et fermé, il est important de considérer la communication en tant que telle dans le processus d'exécution d'un SMA.

En effet, l'envoi de message peut être une opération coûteuse et il n'est pas envisageable de diffuser par broadcast toutes les nouvelles connaissances à tous les pairs à chaque pas d'exécution. Au contraire, comme l'ont montré Xuan et al. [131], les agents peuvent être capables de déterminer de manière autonome quels sont les messages à envoyer, à qui et à quel moment de leur exécution. Dans ce contexte, la communication doit être vue comme une action à part entière et la décision de la couche cognitive de l'agent porte à la fois sur les actions et sur les interactions possibles.

Cette problématique a fait l'objet d'une étude récente de la part de Melo et Veloso [78]. Dans leurs travaux, chaque agent possède une vision locale du problème et ils utilisent un algorithme de Q-Learning dans lequel une opération spécifique de « coordination » peut être sélectionnée à chaque pas d'exécution par les agents. Cette opération consiste en un envoi de message qui est traité de manière synchrone pour obtenir les connaissances des agents pairs. L'avantage de cette méthode est que l'apprentissage permet aux agents de déterminer à quel moment ils doivent se déplacer et à quel moment ils doivent communiquer (*i.e.* initier une opération de coordination). Cependant, ces travaux se situent dans un contexte homogène et fortement couplé : les agents partagent exactement le même type de connaissances et connaissent *a priori* les informations qu'ils peuvent s'échanger. Au contraire, nous voudrions que nos agents puissent apprendre quelles informations s'échanger.

#### 2.3.3.2 Apprendre sur quoi interagir

Une difficulté importante lorsqu'on se place dans un contexte ouvert et faiblement couplé est qu'un agent ne peut pas savoir à l'avance ce qu'il peut demander et à qui. Plus précisément, puisqu'il n'existe pas de représentation des actions possibles dans le SMA, il ne peut pas construire une décomposition du but en un ensemble d'actions qui lui permettrait de l'atteindre (comme c'est le cas dans la chorégraphie dynamique de service présenté section 4.1). L'agent doit alors construire les messages qu'il peut envoyer à ses pairs, en fonction de ses propres buts et de la représentation qu'il s'est faite des autres agents.

Peu de travaux se sont intéressés à cette problématique. Kasai et al. ont proposé un mécanisme d'apprentissage de « signal de communication » (c'est-à-dire de messages) dans un SMA [62]. Leur proposition repose sur le double apprentissage d'une politique de communication $\pi_c : S \longrightarrow M$, où $M$ est l'ensemble des messages possibles qui, au départ, n'ont aucune signification pour l'agent, et d'une politique d'action $\pi_a : S \times M \longrightarrow A$ qui réutilise l'information contenue dans le message $m \in M$ reçu dans l'état $s \in S$. Les agents communiquent donc à chaque cycle (nous sommes dans un environnement synchrone) et leur état est en réalité le couple $(s,m)$. La force de ces travaux est qu'ils montrent non seulement que l'utilisation des messages permet d'améliorer le processus d'apprentissage (le système converge mieux lorsque les agents apprennent à communiquer), mais surtout qu'il est possible d'apprendre quoi communiquer et à qui. Ainsi, au fur et à mesure de l'apprentissage, les messages possibles de $M$ acquièrent une sémantique, associée à la fois à l'état dans lequel il peut être émis et à l'impact qu'il a sur une politique d'action optimale.

Cependant, dans le cas général, il n'est pas envisageable d'explorer l'ensemble des messages possibles $M$ pour déterminer une politique de communication et attribuer un sens à ces messages. Outre que l'espace d'états peut être très grand, les agents d'un SMA ouvert ne pourront pas connaître *a priori* l'ensemble des possibles, puisqu'il dépend des connaissances manipulées par chaque agent. En s'appuyant sur les performatifs proposés par la FIPA, il est difficile (voire impossible) de contourner cette limitation. En effet, comme l'a montré Berger [12] et comme nous l'avons souligné dans plusieurs travaux [106, 24, 25, 74, 54], il est nécessaire de définir de nouveaux performatifs, dérivés des performatifs de base de la FIPA et dont la sémantique porte sur les capacités et le fonctionnement des agents (qu'est-ce que tu peux faire, qu'est-ce que tu fais, *etc*).

### 2.3.4 Conclusion

L'apprentissage par renforcement occupe une place importante dans les modèles d'agents cognitifs et l'étude de la littérature montre que la communication apparaît comme un élément fondamental pour la coopération et la coordination entre les agents afin d'améliorer les algorithmes d'apprentissage par renforcement dans le cadre multi-agent. Cependant, il apparaît non seulement que l'apprentissage dans un contexte multi-agent soulève de nombreuses difficultés, dues au contexte asynchrone et partiellement observable des SMA, mais aussi que l'apprentissage d'actes de communication est un problème difficile et non-encore traité dans sa globalité. En effet, il fait intervenir des notions pointues en apprentissage mais il nécessite aussi de définir des performatifs spécifiques pour permettre aux agents de découvrir avec qui et à propos de quoi ils peuvent interagir.

C'est pourquoi nous nous sommes intéressés dans nos travaux à la définition d'un algorithme d'apprentissage spécifique, couplé à des protocoles d'interactions portant sur le fonctionnement et les capacités des agents, qui permet aux agents d'apprendre à agir et à interagir dans un contexte faiblement couplé et asynchrone. Nous présentons ces travaux dans la section 4.2.

## 2.4  Interactions indirectes

Bien que les premiers mécanismes de coordination dans les SMA aient été fondés sur l'interaction indirecte (que ce soit à travers une mémoire partagée (blackboard) ou en utilisant la stigmergie), le rôle et l'importance de l'environnement dans les systèmes multi-agents n'ont été que très récemment mis en évidence par la communauté scientifique.

Si l'on s'intéresse à l'étude des interactions entre les agents dans un contexte ouvert et faiblement couplé, plusieurs questions apparaissent par rapport à l'environnement des agents :

– Doit-on (et peut-on) implanter toutes les données du système au sein des agents ou bien existe-il des données en dehors des agents, c'est-à-dire propres à l'environnement mais que les agents peuvent manipuler, comme le suggère le modèle A&A [85] ? Dans ce cas, ces données peuvent-elles servir de support à l'interaction indirecte et comment ?

– Comment les agents peuvent-ils découvrir leur environnement pour apprendre à agir dessus (comme c'est le cas dans les travaux en robotique, par exemple)? Est-il nécessaire de décrire des modes d'emplois (et alors qu'est-ce qui différencie un agent d'un artefact) ou bien peut-on envisager des mécanismes d'apprentissage automatique là aussi?

Si nous n'avons pas abordé toutes ces questions dans nos travaux, il nous semble important de faire le lien entre nos propositions et les nombreuses questions soulevées par les travaux de ces dernières années autour de l'environnement et des interactions indirectes dans les SMA. Nous présentons d'abord brièvement quelques discussion sur la place de l'environnement dans les SMA puis nous discutons des problèmes de composition de services, d'hétérogénéité sémantique et d'apprentissage d'interactions dans un contexte d'interactions indirectes.

### 2.4.1 L'environnement comme entité de premier ordre

Dans un SMA, la notion d'environnement représente généralement tout ce qui n'est pas agent, incluant même les autres agents quand on se place du point de vue d'un agent. De fait, l'environnement est le plus souvent défini conceptuellement et non formellement dans les travaux existants, et son implémentation tend à confondre environnement d'exécution, environnement d'interaction et données de l'environnement (on se retrouve alors dans un contexte centralisé) ou à intégrer les données de l'environnement dans un agent.

Si l'on revient à la notion d'environnement comme entité de premier ordre, Russel et Norvig définissent l'environnement comme étant l'espace dans lequel les agents agissent à travers leurs effecteurs et qu'ils perçoivent à travers leurs senseurs [105]. Parunak étend cette définition en considérant l'environnement couple tuple $(E, P)$ où l'état $E$ est l'ensemble des valeurs caractérisant l'environnement (c'est-à-dire les données de l'environnement, y compris les données liées à l'interaction) et le processus $P$ définit la dynamique de l'environnement [88]. L'environnement est alors une entité active (elle possède son propre processus d'exécution) qui peut changer son état sans action de la part des agents. J. Ferber parle d'influences (des agents) et de réactions (de l'environnement) pour modéliser les changements d'état de l'environnement [37].

#### 2.4.1.1 Un modèle de référence : Weyns, Omicini & Odell

Le modèle proposé par Weyns et al. [126] s'appuie sur la définition d'une *couche d'abstraction* qui permet de masquer les primitives d'interaction propres au contexte de déploiement du système. Dans ce modèle, l'environnement est caractérisé par un état et un ensemble de services que peuvent invoquer les agents. Bien que cette *couche d'abstraction* soit souvent réduite au transport des messages dans les architectures existantes, les auteurs montrent que la définition de l'environnement fait intervenir trois éléments distincts : la couche physique (c'est-à-dire le contexte de déploiement du système), la couche logique (ou couche d'abstraction de l'environnement) et la couche de médiation des interactions.

En utilisant les primitives offertes par la couche d'abstraction de l'environnement, les agents peuvent observer l'état de l'environnement et acquérir les connaissances requises pour leur exécution. L'ensemble des données observables pouvant être très grand, il est possible de définir un « focus » de l'agent sur un sous-ensemble restreint d'informations en fonction des buts courants de l'agent. La principale force de ce modèle est de montrer qu'il est possible de séparer explicitement l'environnement (en tant qu'entité active) des agents du système.

#### 2.4.1.2 Agents & Artifacts

Le modèle proposé par Omicini et Ricci [85] se situe dans cette logique, mais il propose de décomposer l'environnement en un ensemble d'*artefacts*, c'est-à-dire de blocs logique caractérisés chacun par un état (*i.e.* un ensemble de variables propres à l'artefact), un processus dynamique et des opérateurs de modification et d'observation pour les agents. Les artefacts se rapprochent donc des services web, en ceci que les agents invoquent des services, mais ceux-ci s'exécutent de manière asynchrone et c'est l'agent qui doit constater le résultat de l'appel de service dans les données visibles. L'état de l'environnement est défini par la somme des états des artefacts.

Cette approche permet non seulement de définir un environnement dynamique, mais les auteurs montrent qu'il est possible de construire des artefacts de coordination pour supporter une interaction indirecte entre les agents.

La séparation de l'environnement en sous-blocs distincts présente de nombreux avantages au niveau conceptuel et facilite la gestion des problèmes de concurrence entre les agents. Une question reste cependant ouverte : les agents sont responsables des opérations auprès des artefacts et chaque artefact garantit la cohérence de ses données, mais il n'existe aucun moyen de définir des règles globales sur l'ensemble de l'environnement.

Une proposition de Ricci et Omicini est de permettre aux artefacts de déclarer leurs fonctionnalités à travers des manuels, à la manière des modèles de description de services à l'aide d'ontologies comme OWL-S. L'objectif est de fournir aux agents la sémantique de l'interface d'usage et des opérations de l'artefact ainsi que la description de la fonction de l'artefact, ce qui leur permet alors de raisonner sur les artefacts pour les utiliser en fonction de leurs buts.

### 2.4.1.3 Agents-Groupes-Rôles

Le modèle AGR proposé par Ferber et al. [38] (ainsi que ses successeurs AGRE et AGREEN), implanté dans la plate-forme MadKit, met l'accent sur l'environnement social des agents, défini comme un ensemble de groupes que les agents peuvent rejoindre ou quitter en fonction des rôles qu'ils souhaitent adopter (c'est-à-dire des protocoles d'interaction qu'ils choisissent de mettre en œuvre). La force de cette approche est qu'elle fournit une couche d'abstraction de haut niveau pour la modélisation des systèmes en s'intéressant non pas aux agents mais aux groupes d'agents en interaction.

Dans ces modèles, la modélisation du système n'est plus orientée agent, mais orientée organisation : le concepteur du système définit ce que les agents doivent faire entre eux, ce qui permet de considérer des SMA ouverts et hétérogènes. Cependant, cette meta-structure ne doit pas faire oublier qu'il est nécessaire de définir la couche cognitive de chaque agent, en particulier pour sélectionner les rôles qu'il va adopter et élire les groupes auxquels il va participer.

### 2.4.1.4 Tags Interactions

Le modèle d'interaction indirectes proposé par E. Platon [94, 93] propose de renverser le paradigme agent-environnement en intégrant l'environnement dans les agents eux-mêmes. Chaque agent est caractérisé par son état interne (cache) et son état public, ou « *software body* », dans lequel est défini un ensemble de variables qu'il peut manipuler mais qui peuvent aussi être modifiées par d'autres agents. La topologie de l'environnement est alors définie à l'aide d'une relation de voisinage entre les agents et un processus régulateur de plus haut niveau est responsable de la propagation des informations suivant cette relation de voisinage. Les communications entre les agents se font à travers les *tags* (c'est-à-dire la modification de données dans leur *softbody*, qui sera transmise aux autres agents) et un mécanisme de feedback permet d'informer l'agent émetteur du succès ou de l'échec de l'interaction.

L'avantage de cette approche est qu'elle intègre directement les mécanismes d'écoute flottante : à l'aide d'un focus sur les éléments du software body de ses pairs, il est possible pour un agent tiers d'observer les échanges de données entre agents. Ainsi, dans un SMA coopératif, les agents peuvent devenir opportunistes et réagir rapidement aux changements d'états (ou aux interactions) des autres agents pour adapter leur comportement (sans attendre une demande explicite). Un exemple proposé par Platon et al. est celui de la régulation automatique de la charge de travail entre différents agents. Un agent peu chargé peut prendre les tâches des agents surchargés de manière opportuniste, sans que ceux-ci ne lui ait demandé (puisqu'ils sont déjà surchargés) et sans message d'observation (*query-if*).

Cependant, la définition du mécanisme de régulation (de manière distribuée et indépendemment des agents) reste un problème ouvert, ce qui rend l'approche difficilement utilisable en pratique.

## 2.4.2 Interaction indirecte dans un SMA ouvert et faiblement couplé

Les mécanismes d'interaction indirecte offrent une vision radicalement différente de celle que nous avons adoptée dans les chapitres suivants (où l'interaction repose uniquement sur l'envoi de messages). En effet, ces travaux montrent que l'intention de communication peut aussi être présente dans des SMA n'utilisant pas de messages structurés et que la sémantique des interactions peut être intégrée aux données de l'environnement.

Les problèmes que nous avons soulevés au premier chapitre comme la composition de services, la gestion de l'hétérogénéité sémantique et l'apprentissage d'interactions peuvent donc être considérés aussi dans un cadre d'interaction indirecte.

#### 2.4.2.1 Composition de services

Dans les travaux que nous présentons section 4.1, nous avons utilisé des protocoles de coordination pour permettre aux agents de composer leurs fonctionnalités. Au contraire, Balbo et al. [8] proposent d'utiliser l'observation entre les agents (à l'aide d'un mécanisme d'écoute flottante) pour composer les services en fonction des buts de chaque agent et de l'état du système. Ce mécanisme assure une grande adaptabilité au SMA tout en limitant l'envoi de messages portant sur l'état et les capacités des agents du système.

Soulignons enfin que, même dans un cadre de composition de service plus classique, fondé sur l'interaction directe à l'aide de messages structurés, la composition s'appuie sur les fonctionnalité de publication et de découverte de services de l'environnement (pages vertes, Directory Facilitator, *etc*). L'implantation d'un tel service de manière répartie (par exemple à travers des artefacts ou des groupes) est aujourd'hui un problème ouvert.

#### 2.4.2.2 Hétérogénéité sémantique

Dans nos travaux sur la gestion de l'hétérogénéité sémantique, présentés au chapitre 5, nous avons considéré uniquement des interactions directes entre deux agents. Le problème devient vite plus complexe si plusieurs agents doivent interagir pour résoudre un même problème, chacun muni d'une ontologie différente de celle de ses pairs. Si l'on se limite aux interactions directes, les agents peuvent adopter deux stratégies : soit ils convergent vers le plus petit dénominateur commun pour se comprendre (ce qui, dans le cas général, risque de faire échouer le système), soit ils doivent apprendre les concepts des autres agents, comme l'ont proposé [44], ce qui conduit à des questions de représentation de la confiance.

Mais plus généralement, si on considère un SMA ouvert, les agents seront nécessairement hétérogènes vis-à-vis de leur environnement et il devient nécessaire de définir des mécanismes d'alignement sémantique avec l'environnement. Nous n'avons pas abordé cette question dans nos travaux.

#### 2.4.2.3 Apprentissage

Comme nous l'avons montré dans la section 2.3.2, l'environnement est au cœur de la problématique de l'apprentissage multi-agent. En effet, les algorithmes supposent que l'environnement représente l'ensemble des données, ce qui n'est plus possible dans le cas d'un SMA puisque ces données peuvent être internes aux agents et donc correspondre à des états cachés.

De plus, si l'on considère l'environnement comme une entité de premier ordre muni d'un état et d'un processus, nous sommes confrontés à une nouvelle problématique. Les agents doivent en effet apprendre à agir dans un environnement dynamique et donc découvrir les effets à long terme de leurs actions sur l'état de l'environnement, alors que les algorithmes supposent généralement que l'effet d'une action est visible dès la fin de l'opération. Cette problématique rejoint celle que nous avons évoquée sur la durée d'un acte de communication : apprendre à utiliser un artefact ou un service pose les mêmes difficultés qu'apprendre à communiquer.

## 2.5 Conclusion

L'étude de la littérature montre que la prise en compte de l'ouverture et de l'hétérogénéité dans les SMA soulève de nombreuses problématiques. Cependant, la question de l'introspection des agents, c'est-à-dire leur capacité à raisonner sur ce qu'ils font aussi bien pour composer leurs fonctionnalités, analyser les messages de leurs pairs ou simplement apprendre à se coordonner, apparaît comme un élément crucial pour la définition de mécanismes d'interaction dans ce contexte.

Les recherches sur la composition de services montrent que l'approche multi-agent est bien adaptée pour définir des modèles de chorégraphie dynamique de services prenant en compte les problèmes de distribution, d'ouverture et de flexibilité de l'environnement des services web. Cependant, pour permettre aux agents de prendre dynamiquement part à la décomposition d'une tâche à résoudre et de se coordonner avec leurs pairs, il est nécessaire de proposer des actes de communication spécifiques portant sur les capacités des agents.

Les méthodes actuelles pour gérer les problèmes d'hétérogénéité sémantique, qu'il s'agisse de la négociation sémantique ou de l'alignement d'ontologies, sont confrontées au problème de l'ouverture du SMA et supposent qu'il est toujours possible de traduire un message dans l'ontologie de l'interlocuteur. Pour gérer les situations d'alignement imparfait, il apparaît à nouveau nécessaire de revenir aux capacités des agents, et donc à des protocoles d'interaction permettant de communiquer à propos de ce fonctionnement.

Enfin, peu de travaux en apprentissage par renforcement se sont intéressés à l'apprentissage des actes de communication, alors que les recherches montrent que la communication est un élément indispensable pour l'amélioration de ces algorithmes. La raison est, une fois encore, que les agents doivent être capable de raisonner sur ce que peuvent faire leurs pairs, ce qui nécessite, dans un cadre ouvert, des mécanismes spécifiques.

C'est pourquoi nous proposons dans les chapitres suivant un modèle d'agent introspectif qui leur permet de répondre *en cours d'exécution* à des questions sur leur fonctionnement. Nous définirons un ensemble de performatifs adaptés pour modéliser ces questions sur le fonctionnement et nous monterons comment ils peuvent être utilisés à la fois pour la composition des fonctionnalités des agents (que ce soit dans des algorithmes de chorégraphie dynamique de services ou pour l'apprentissage dans un contexte multi-agent) et pour la gestion de l'hétérogénéité sémantique entre agents ou avec un utilisateur humain.

# Chapitre 3

# Modèle d'agent

Nous définissons dans ce chapitre le modèle d'agent introspectif sur lequel s'appuient nos propositions. Ce modèle se situe dans la continuité des travaux effectués précédemment sur la langage VDL [109]. L'originalité de ce modèle est d'intégrer dans une même représentation les données de l'agent, la description de ses actions et le paradigme d'exécution de l'agent, à la manière des algèbres évoluantes [49].

Notre modèle s'appuie sur l'architecture en trois couches que nous avons présentée dans le premier chapitre, illustrée sur la figure 1.3. La couche langage définit les données et les opérations internes de l'agent ; la couche interaction gère les protocoles de communication avec les autres agents et la couche cognitive, fondée sur un mécanisme d'observation, permet de contrôler l'exécution de l'agent. Nous nous intéressons dans le présent chapitre tout particulièrement à la couche langage, c'est-à-dire à la définition des données et des actions de l'agent, et en partie à la couche interaction, c'est-à-dire la définition des performatifs de l'agent. Les protocoles de communication seront présentés dans les chapitre suivants, en fonction des problèmes qu'ils traitent. Enfin, si nous ne présentons pas les mécanismes cognitifs (qui feront l'objet des chapitres 4 et 5), nous présentons brièvement le mécanisme d'observation de nos agents qui est à la base du fonctionnement du modèle VDL.

La première section définit un ensemble de notations et de fonctions qui seront utilisées dans la suite de ce document. La section 3.1 décrit le modèle de données utilisé par nos agents et le lien avec leur ontologie ; la section 3.2 décrit le modèle d'actions, c'est-à-dire les opérations possibles sur les données ainsi que les opérateurs d'interaction ; la section 3.3 décrit la structure des messages et les performatifs spécifiques que nous utilisons pour « communiquer à propos du fonctionnement ».

### Nomenclature

Dans la suite de ce document, nous noterons $\mathcal{A}$ l'ensemble des agents. Pour tout ensemble $E$, nous notons $\mathcal{P}(E)$ l'ensemble des parties de $E$ et $|E|$ la cardinalité de l'ensemble $E$.

Dans les propositions (par exemple pour l'expression de propriétés sur des éléments ou la constructions d'ensembles dans nos algorithmes), nous notons $\Rightarrow$ la relation d'implication logique et $\equiv$ la relation d'équivalence. Nous utilisons le symbole $|$ pour la notation « tel que ».

Enfin, pour alléger l'écriture, si $f(x) : A \longrightarrow B$ est une fonction de $A$ dans $B$ et $(a,b) \in A \times B$, nos noterons $f(x,a,b)$ pour $f(x)(a,b)$.

## 3.1 Données

Notre modèle de données repose sur des arbres XML, ce qui permet de mieux structurer l'information. Pour simplifier, dans ce document, nous considérerons que les données d'un agent sont un ensemble de valeurs d'attributs. Le symbole d'attribut (ou *variable*) correspond alors au chemin XPath de noeud XML et sa valeur est le contenu de ce noeud. [1] En complément, l'agent est muni d'une l'ontologie qui permet de définir les liens sémantiques entre les données de son ontologie.

### 3.1.1 Syntaxe

Soit $V$ l'ensemble des symboles de variables. Chaque agent *agt* est alors muni d'un ensemble de données $D_{agt}$ dans lequel chaque donnée $d \in D_{agt}$ est un couple $v(val_v)$ où $v \in V$ désigne la variable manipulée par l'agent et $val_v$ la valeur de cette variable dans la base de connaissance de l'agent. Par exemple, $couleur(bleu) \in D_{agt}$ permet de représenter le fait que la variable *couleur* prend la valeur *bleu* pour l'agent *agt*.

Nous notons $V_{agt}$ l'ensemble des symboles de variables utilisé par l'agent *agt*. Rien n'interdit que deux agents utilisent les mêmes symboles de variables mais dans le cas général, deux agents $i$ et $j$ auront deux ensembles de variables disjoints ($V_i \cap V_j = \emptyset$), d'où les problèmes d'hétérogénéité sémantique. Nous distinguons en outre deux types de valeurs : celles qui correspondent à des données numériques ou booléennes (par exemple pour les données *heureux(vrai)* ou *vitesse(2)*) et les valeurs symboliques (comme dans *couleur(bleu)*). Nous notons $ValS_{agt}$ l'ensemble des valeurs symboliques qu'un agent peut utiliser, c'est-à-dire l'union des espaces de valeurs de toutes les variables dont la valeur est symbolique.

L'ensemble des données d'un agent peut être partitionné suivant deux axes orthogonaux :

**Notion de *softbody***

Si nous nous intéressons à un agent en tant qu'entité logicielle, dans la lignée des travaux sur la programmation orientée objets, nous pouvons distinguer deux types de données :
- Les données internes à l'agent, qui ne sont utilisées que pour ses opérations internes et qui ne sont jamais accessibles aux autres agents (ni directement, ni via l'envoi de requêtes). Nous notons $DI_{agt}$ l'ensemble de ses données ;
- Les données « publiques » de l'agent, c'est-à-dire celles à propos desquelles il peut interagir. Par référence aux travaux d'Éric Platon sur les *Tag Interactions* [94], nous nommons *softbody* l'ensemble de ces données et nous le notons $SB_{agt}$.

Les modèles d'interaction que nous présentons dans les chapitres 4 et 5 portent uniquement sur ce deuxième ensemble de données.

**Observations et croyances**

Si nous considérons un agent en interaction avec d'autres agents, deux types de données peuvent apparaître :
- Les observations de l'agent, c'est-à-dire les données qu'il a modifiées lui-même ou qui ont été obtenues par les opérations de perception sur l'environnement, que nous notons $Obs_{agt}$.
- Les croyances de l'agent, c'est-à-dire les informations qu'il a obtenu des autres agents lors d'interactions par envoi de message. Nous notons $B_{agt}$ ces croyances.

Dans notre modèle, nous avons choisi de ne pas représenter l'environnement : les données du problème sont uniquement manipulées par les agents. [2] Un processus spécifique (fondé sur le mécanisme d'observation) permet de mettre à jour les données des agents, de manière asynchrone, pour simuler l'observation de l'environnement. Les croyances des agents portent sur les données qu'ils ne peuvent pas observer, c'est-à-dire sur des données publiques des autres agents.

Dans le cas général, $SB_{agt} \subset Obs_{agt}$ : le *softbody* de l'agent (*i.e.* sa partie publique) est un sous-ensemble des données observées. Mais dans la plupart des problèmes que nous avons étudiés, il est préférable de considérer que l'ensemble des données observables est public ($SB_{agt} = Obs_{agt}$).

---

1. Cette simplification ne permet pas de représenter des données hiérarchisées mais elle est suffisante pour les modèles et algorithmes que nous présentons ici.
2. Comme nous l'avons vu section 2.4, ce choix ne permet pas de représenter toute la complexité de l'environnement.

### 3.1.2 Ontologie de l'agent

Dans le domaine des SMA, il est d'usage de parler « d'ontologie de l'agent » pour désigner un ensemble de concepts définies dans un modèle de représentation des connaissances qui permet de résoudre les questions d'hétérogénéité sémantique entre agents. Il serait plus approprié de parler de « modèle de connaissances » car la nature de ces ontologies (au sens agent) peut aller de la simple taxonomie à des modèles assez complexes, comme dans les travaux de [67].

Dans notre modèle, l'ontologie d'un agent est une taxonomie de concepts augmentée d'un ensemble de relations non-hiérarchiques. Plus formellement, une ontologie $O$ est définie par un tuple $\langle C, \mathcal{R}, \mathcal{L}, pc, pr \rangle$ tel que :
- $C$ est l'ensemble des concepts de l'ontologie ;
- $\mathcal{R}$ est l'ensemble des relations, comprenant a minima la relation hiérarchique $typeof$ ;
- $\mathcal{L} \in C \times \mathcal{R} \times C$ est l'ensemble des arêtes du graphe, c'est-à-dire les relations entre paires de concepts.

En dehors du concept racine (que nous notons $\top$), tous les concepts sont reliés par la relation de hiérarchie $typeof$ :

$$\forall c \in C_O, c \neq \top \Rightarrow \exists c' \mid (c, typeof, c') \in \mathcal{L}$$

De plus, nous supposons que l'inverse d'une relation $r \in \mathcal{R}$ existe systématiquement et sera noté $r^{-1}$ :

$$\forall r \in \mathcal{R}, \exists r^{-1} \in \mathcal{R} \mid \forall (c, c') \in C^2, (c, r, c') \in \mathcal{L} \Rightarrow (c', r^{-1}, c) \in \mathcal{L}$$

Nous définissons en outre deux fonctions sur les ontologies
- $IC : C \longrightarrow \mathbb{R}^+$ est une fonction définissant la quantité d'information de chaque concept de l'ontologie. Cette valeur sera utilisée dans le chapitre 5 pour mesurer la distance entre deux concepts de l'ontologie. Dans nos travaux, $IC(c)$ est calculée à l'aide de la formule de [114] que nous ne détaillerons pas ici ;
- $p : \mathcal{R} \longrightarrow \mathbb{R}^+$ est une fonction associant un poids à chaque type d'arête, que nous utilisons dans notre mesure de distance sémantique.

Enfin, nous notons $O_{agt}$ l'ontologie de l'agent $agt$ et nous faisons l'hypothèse suivante : tous les symboles de variables utilisés par l'agent ainsi que toutes les valeurs symboliques sont présents dans l'ontologie : $(V_{agt} \cup ValS_{agt}) \subset C_{O_{agt}}$.

### 3.1.3 Mécanisme d'observation

Dans notre modèle d'agent [107], la boucle d'exécution procédurale est fondée sur l'utilisation d'*observateurs*. Un observateur est une fonction qui recherche dans la couche langage de l'agent un ensemble de données appelées *modifieurs* et qui effectue des opérations en fonction de la valeur de ces modifieurs. Ainsi, comme dans les langages à balises (comme XML ou HTML), la sémantique opérationnelle n'est pas inhérente au code de l'agent : elle est définie à travers ses observateurs.

Dans notre modèle, les données et les actions sont toutes situées au niveau de la couche langage et accessibles par les observateurs. Nous pouvons distinguer deux types d'observateurs : les observateurs statiques, qui n'agissent pas en retour sur les données de l'agent (par exemple, un observateur responsable de l'affichage de l'interface graphique de l'agent) et les observateurs dynamiques dont l'effet est de modifier l'état de l'agent. Nous notons $\phi_o : \mathcal{A} \longrightarrow \mathcal{A}$ la fonction caractéristique d'un observateur et, pour les observateurs statiques, $\phi_o(a) = a$.

Dans nos travaux, nous nous sommes particulièrement intéressés à trois observateurs :
- L'observateur d'exécution *exec* qui utilise la description des actions de l'agent et effectue ces actions en fonction des valeurs des données de l'agent. C'est lui qui définit donc la sémantique opérationnelle du langage d'agent. Il modifie les données de l'agent et initie des protocoles au niveau de la couche interaction. Cet observateur sera présenté dans la section suivante à travers la description des actions d'un agent ;
- L'observateur d'interaction qui utilise la description des données et des actions de l'agent pour répondre aux messages qui lui sont envoyés. Nous présentons ces mécanismes dans la section 3.3 et dans les chapitres suivants ;
- L'observateur de l'environnement qui permet de modifier les données du *softbody* d'un agent en fonction des modifications d'un autre agent, pour mettre à jour les observations *Obs* de l'agent. Nous ne présentons pas cet observateur dans ce document.

Il est possible de définir autant de fonctions d'observation que nécessaire pour modifier l'exécution d'un agent. C'est par ce mécanisme que nous définirons nos différents algorithmes dans les prochains chapitres. À chaque cycle d'exécution, l'agent invoque un ensemble d'observateurs (dont *exec*, *env* et les observateurs qui seront définis par la suite). Formellement, l'exécution d'un agent peut être vue comme une fonction $\Phi : \mathcal{A} \longrightarrow \mathcal{A}$ combinant ces observateurs :

$$\Phi(agt) = \phi_{exec} \circ \phi_{env} \circ ... \phi_n(agt)$$

et produisant le nouvel état $agt'$ de l'agent.

## 3.2 Actions

Chaque agent *agt* est muni d'un ensemble d'actions $A_{agt}$. L'ensemble $D_{agt} \cup A_{agt}$ correspond au « code » de l'agent, c'est-à-dire à l'intégralité du contenu de sa couche langage. De ce point de vue, l'état de l'agent *agt* à tout instant de l'exécution est entièrement caractérisé par ces deux ensembles : $agt = D_{agt} \cup A_{agt}$.

### 3.2.1 Définitions générale

Comme dans la plupart des modèles de représentation des actions, nous représentons une action à l'aide de ses préconditions et de ses effets. Toutefois, si nous considérons un agent en interaction avec d'autres agents, nous pouvons mettre en évidence deux types de comportement :

1. La pro-action : le comportement autonome d'un agent indépendant de toute interaction. C'est le comportement par défaut : un agent s'exécute indépendamment de toute intervention extérieure.
2. La réaction : les actions effectuées en réponse à une commande d'un agent (c'est-à-dire un message de performatifs *request*) ou de l'utilisateur. Nous nous intéressons particulièrement à ce deuxième type de comportement dans les travaux qui sont présentés ici.

Dans notre modèle d'agent, les capacités d'introspection ainsi que les algorithmes de coordination sont centrées sur les préconditions des actions. Pour représenter les deux modes de fonctionnement (proactif et réactif), nous distinguons alors deux types de préconditions :
 – Les conditions de garde des actions qui sont des expressions booléennes qui doivent être vérifiées pour qu'une action soit exécutée ;
 – Les *événements* qui sont envoyés à l'agent en cours d'exécution (via des messages) et provoquent des réaction de l'agent. Ils sont la représentation formelle (*i.e.* dans le langage d'agent) des messages *request*.
Nous définissons les *capacités* d'un agent comme l'ensemble des événements qu'il peut traiter, c'est-à-dire qui provoquent une réaction lorsqu'il les reçoit.

#### 3.2.1.1 Syntaxe

Concrètement, une action est un tuple $\langle nom, X, P, E \rangle$ où :
 – *nom* est le nom de l'action. Il est unique pour un agent dans le sens où deux actions du même agent ne peuvent avoir le même nom.
 – $X \subset V$ est un ensemble de symboles de variables. Ils permettent de définir les paramètres des événements qui déclenchent cette action. Pour éviter toute confusion, nous supposons que $X \cap V_{agt} = \emptyset$ (les événements n'utilisent pas les mêmes symboles que les variables de l'agent).
 – $P$ est l'ensemble des préconditions de l'action, construites à partir de l'ensemble de ses données $D_{agt}$ et des variables $X$. Ces préconditions doivent être vraies pour que l'action puisse être exécutée par l'agent. Nous ne nous intéressons pas ici à la syntaxe précise de ces préconditions, qui est du ressort du langage d'agent plus que du modèle. Nous notons $vars(p) \subset X \cup V_{agt}$ l'ensemble des symboles impliqués dans la précondition $p \in P$.

– $E$ est l'ensemble des effets de l'action. Ceux-ci représentent des modifications à effectuer sur les données de l'agent $D_{agt}$ ou des opérations interactions avec d'autres agents. L'ensemble $E$ est donc décomposé en deux sous-ensembles :

– $E_D = \{v_i(nval_i)\}_i$ où chaque $v_i \in V_{agt}$ et $nval_i$ désigne la nouvelle valeur de $v_i$ après l'exécution de l'action. Nous notons $modifs(E) \subset V_{agt}$ l'ensemble des symboles des données qui sont modifiées par l'action, c'est-à-dire l'ensemble des $v_i$.

– $E_M = \{msg_i\}_i$ où chaque $msg_i$ définit un message. Nous n'utiliserons pas les opérateurs de construction de messages dans ce document, c'est pourquoi nous ne les présenterons pas en détail.

Par abus de langage, nous appelons $X_{nom}$, $P_{nom}$ et $E_{nom}$ les variables, préconditions et effets de l'action de nom *nom*.

### 3.2.1.2 Patrons d'événements

Un événement est une expression de la forme :

$$nom(x_1(val_1), ..., x_n(val_n))$$

où *nom* désigne le nom de la réaction qui doit être déclenchée. Chaque $x_i \in X_{nom}$ désigne un paramètre de l'événement et chaque $val_i$ la valeur qui y est associée. Par exemple, l'événement $take(color(red), size(big))$ a pour objectif de déclencher l'action *take* avec les paramètres *color* et *size* fixés à *red* et *big* (respectivement). Nous dirons que *nom* représente le *type* de l'événement.

Nous appelons « patron d'événement » l'expression $nom(x_1, ..., x_n)$ avec $\{x_1, ..., x_n\} = X_{nom}$. Cette expression définit l'intégralité de l'événement attendu par l'action de nom *nom*. Concrètement, cela signifie que l'action est déclenchée dès lors qu'un événement spécifiant l'ensemble de ces paramètres est reçu. Dans le cas particulier où l'agent reçoit un événement de type *nom* ne renseignant pas l'ensemble des paramètres spécifiés dans le patron d'événement, il est possible de déterminer l'ensemble $F_x$ des attributs manquants. La construction de cet ensemble permet à un agent de décomposer et de s'allouer dynamiquement les tâches à réaliser en fonction de ses compétences, comme nous le verrons section 4.1.

### 3.2.1.3 Préconditions

Outre les préconditions de type « événement » (c'est-à-dire les patrons d'événement), nous pouvons mettre en évidence trois types de préconditions booléennes pour une réaction $r$ de l'agent :

– $P_s(r)$ est l'ensemble des préconditions de structure, ne portant que sur les variables de $X_r$. Elles sont généralement utilisées pour vérifier la cohérence syntaxique du message et vérifier que la réaction possède toutes les informations nécessaires pour s'exécuter sans erreur (par exemple, si $age \in X_r$, on peut avoir une précondition $0 < age < 120$). Les préconditions $p \in P_s(r)$ ne dépendent donc pas de l'état courant de l'agent, mais uniquement de l'événement : $vars(p) \subset X_r$.

– $P_c(r)$ est l'ensemble des préconditions de contexte. Ces préconditions ne dépendent que du contexte courant de l'agent (par exemple, un robot ne pourra pas prendre un objet si sa batterie est vide) et pas de l'événement reçu : $vars(p) \subset V_{agt}$.

– $P_{cs}(r)$ est l'ensemble des préconditions contextuelles-structurelles, c'est-à-dire dépendant à la fois de l'événement et du contexte courant de l'agent. Par exemple, un robot ne peut pas attraper un objet, spécifié dans l'environnement de l'agent et en paramètre dans l'événement, si celui-ci n'est pas à portée.

À un moment donné de l'exécution, l'agent ayant reçu un événement $e$ de type *nom*, nous dirons que la réaction de nom *nom* est *possible* si et seulement si l'ensemble de ses préconditions booléennes est évalué à vrai à partir des données de l'agent $D_{agt}$ et des valeurs des paramètres de l'événement. Si l'agent n'a pas reçu d'événement, seules les pro-actions seront considérées. Les actions possibles sont alors celles dont les préconditions de contexte sont vérifiées.

Par abus de langage, dans la suite de ce document, nous noterons $P_s(nom)$, $P_{cs}(nom)$ et $P_c(nom)$ les préconditions de l'action de nom *nom*.

### 3.2.2 Génération des capacités

Pour permettre à nos agents d'interagir à propos de leur fonctionnement, nous utilisons la propriété d'intros-pection des agents VDL qui permet de générer automatiquement leurs listes de capacités à l'instant courant. Une *capacité* est un paramétrage d'une action de l'agent, c'est-à-dire un événement possible pour cet agent. Par exemple, si le paramètre $x_1$ de l'action $a$ peut prendre trois valeurs $val_1$, $val_2$ et $val_3$, alors l'agent a trois capacités (associées à l'action $a$) correspondant aux événements $a(x_1(val_1))$, $a(x_1(val_2))$ et $a(x_1(val_3))$.

Dans la suite, nous notons $\mathcal{E}$ l'ensemble des événements syntaxiquement possibles. $\forall e \in \mathcal{E}$, nous noterons $nom_e$ le type de l'événement $e$. Notre objectif est alors d'être capable de générer automatiquement les capacités d'un agent à partir de son code pendant l'exécution, c'est-à-dire de trouver le sous-ensemble de $\mathcal{E}$ qui peut déclencher une réaction de l'agent.

#### 3.2.2.1 Génération des capacités possibles : l'ensemble $E$

L'idée de la génération des capacités est d'utiliser les préconditions structurelles $P_s$ et $P_{cs}$ comme un ensemble de contraintes sur les événements pour déterminer les valeurs possibles sur les patrons d'événement. Dans notre langage d'agent VDL, ces patrons d'événements sont des squelettes d'arbres XML. Un algorithme, basé sur une interprétation récursive des termes VDL associée à un certain nombre de règles pour chaque mot-clé du langage, construit les arbres complets. Nous ne présentons pas ici cet algorithme (car il dépend fortement du langage d'agent et des opérateurs utilisés dans les préconditions[3]) mais nous noterons simplement $refine : A_{agt} \longrightarrow \mathcal{E}$ la fonction qui retourne l'ensemble des événements possibles pour une réaction $r$ donnée.

Soit $eval : \mathcal{E} \times \mathcal{A} \longrightarrow \mathbb{B}$ la fonction d'évaluation booléenne qui, pour un événement $e$ donné de type $nom$ et un état de l'agent $agt$ donné, renvoie vrai si et seulement si la réaction $nom$ est possible. Cette fonction peut être décomposée en deux fonctions :

- $eval_e(nom) : P_s(nom) \cup P_{cs}(nom) \times \mathcal{E} \times \mathcal{A} \longrightarrow \mathbb{B}$ qui renvoie vrai si et seulement si la précondition de struc-ture ou de contexte-structure $p \in P_s(nom) \cup P_{cs}(nom)$ est vérifiée pour l'événement $e$ ;
- $eval_c(nom) : P_c(nom) \times \mathcal{A} \longrightarrow \mathbb{B}$ qui renvoie vrai si et seulement si la précondition de contexte $p \in P_c(nom)$ est vérifiée dans l'état courant $agt$.

Ainsi :

$$
\begin{aligned}
eval(e,agt) \quad = \quad & \bigwedge_{p \in P_s(nom_e)} eval_e(nom_e, p, e, agt) \\
\wedge \quad & \bigwedge_{p \in P_{cs}(nom_e)} eval_e(nom_e, p, e, agt) \\
\wedge \quad & \bigwedge_{p \in P_c(nom_e)} eval_c(nom_e, p, agt)
\end{aligned}
$$

Nous définissons alors l'ensemble $E(agt)$ des événements possibles pour l'agent dans son état courant $agt$ par :

$$
E(agt) = \left\{ \begin{array}{ll} e \in \bigcup_{a \in A_{agt}} refine(a) | & \forall p \in P_s(nom_e), eval_e(nom_e, p, e, agt), \\ & \forall p \in P_{cs}(nom_e), eval_e(nom_e, p, e, agt), \\ & \forall p \in P_c(nom_e), eval_c(nom_e, p, agt) \end{array} \right\}
$$

#### 3.2.2.2 Génération des capacités actuellement impossibles : l'ensemble $F$

Par défaut, une approche générative ne produit que des événements qui valident intégralement les préconditions (événements possibles). Cependant, dans un contexte ouvert, asynchrone et faiblement couplé où les agents inter-agissent entre eux (ou avec l'utilisateur), il arrive qu'une requête formulée soit impossible contextuellement, alors qu'elle pourrait l'être à un autre moment de l'exécution, dans un autre état de l'agent. Il n'est alors pas possible de rejeter cette requête : il faut au contraire pouvoir expliquer à l'interlocuteur pourquoi elle n'est pas possible et,

---

3. Cet algorithme est décrit pour le langage VDL en annexe de la thèse de Laurent Mazuel [72].

le cas échéant, lui proposer d'adapter sa requête. Une évaluation préliminaire de notre système basée uniquement sur l'algorithme génératif de l'ensemble $E$ nous a montré l'importance de la prise en compte de ces événements impossibles [73]. Nous proposons donc dans cette section une solution pour générer un ensemble $F$ de capacités actuellement impossibles.

Pour qu'un événement $e$ soit actuellement impossible et donc possible dans un autre état de l'agent, il faut que le contexte de cet agent à l'état courant $agt$ ne permette pas l'activation de la réaction associée à cet événement. Autrement dit, les préconditions utilisant le contexte (c'est-à-dire $P_c(nom_e)$ et $P_{cs}(nom_e)$) doivent être fausses, mais pas les préconditions de structure $P_s(nom_e)$. Ainsi, nous pouvons construire l'ensemble $F(agt)$ des événements actuellement impossibles pour l'agent dans son état courant $agt$ :

$$F(agt) = \left\{ \begin{array}{ll} e \in \bigcup_{a \in A_{agt}} refine(a)| & \forall p \in P_s(nom_e), eval_e(nom_e, p, e, agt), \\ & \exists p \in P_{cs}(nom_e), \neg eval_e(nom_e, p, e, agt) \vee \\ & \exists p \in P_c(nom_e), \neg eval_c(nom_e, p, agt) \end{array} \right\}$$

De plus, $\forall e \in F(agt)$, nous notons $np(e, agt)$ l'ensemble des préconditions empêchant l'exécution de l'action $nom_e$ dans l'état courant de l'agent $agt$.

### Remarques

Les algorithmes de construction de réponses que nous présentons dans les chapitres suivants reposent sur l'hypothèse que l'agent est capable de produire la liste de ses capacités à l'instant courant. Néanmoins, l'approche que nous présentons n'est pas pour autant dépendante du langage agent VDL. Elle est dépendante de la présence d'une liste de capacités pour l'agent à l'instant courant, c'est-à-dire des capacités d'introspection de l'agent. Dans de nombreux travaux, cette liste des capacités est définie de manière statique [87].

De même, dans la section 4.2, nous construirons un ensemble d'actes de communication qui seront considérés comme des actions possibles pour l'agent dans notre algorithme d'apprentissage par renforcement. Ces actes de communication dépendent des capacités possibles $E(agt)$ générées en cours d'exécution par chaque agent du système.

## 3.3  Interactions

Nos agents interagissent par envoi de messages structurés qui décrivent l'intention de communication conformément à la théorie des actes de langage [113]. Nous définissons un ensemble de performatifs spécifiques adaptés aux problèmes que nous étudions et permettant de prendre en compte les capacités d'introspection des agents. Nous décrirons les protocoles associés à ces performatifs dans les chapitres 4 et 5.

### 3.3.1  Structure des messages

Dans notre modèle, un acte de communication est un message au sens de FIPA, c'est-à-dire une structure de donnée comprenant les champs suivants :

**sender :** l'identifiant de l'agent émetteur, caractérisé par son adresse (*agentID*).

**receiver :** l'identifiant du ou des agent(s) destinataire(s). Dans notre modèle, nous utilisons l'*agentID* spécifique *all* pour indiquer que le message est transmis par *broadcast* à tous les agents du système.

**performative :** le performatif du message.

**content :** le contenu du message, dont la nature dépend fortement du performatif.

**conversationID :** l'identifiant de la conversation, qui permet aux agents de suivre les protocoles, comme nous le verrons section 4.1.

**messageID :** l'identifiant du message dans la conversation, que nous supposerons unique. [4]

---

4. Le mécanisme de génération de ces identifiants unique dépend de l'implémentation et ne sera pas présenté ici.

Pour des raisons de simplification, nous n'utilisons pas les champs *language* et *encoding* de la FIPA : nous supposons que nos agents utilisent le même support syntaxique. Nous n'avons pas non plus indiqué le champ *ontology* qui est évidemment présent dans nos messages, mais qui n'intervient pas directement dans nos algorithmes. Chaque agent n'étant associé qu'à une ontologie, c'est celle-ci qui sera utilisée comme valeur dans le champ *ontology* d'un message qu'il envoie. Nous parlerons simplement de l'ontologie de l'agent émetteur et de l'ontologie de l'agent récepteur.

D'autre part, nous n'utilisons pas les champs *reply-to*, *in-reply-to* et *protocol* : nos agents s'appuient sur d'autres mécanismes cognitifs pour décider avec qui ils doivent communiquer et quand. Il n'est jamais nécessaire d'indiquer un agent destinataire dans nos messages ou de préciser quel protocole est utilisé. De même, l'identifiant du message *reply-with* (que nous avons rebaptisé *messageID*) est suffisant pour identifier le rôle du message dans la conversation.

Enfin, parce que nos agents travaillent dans un environnement asynchrone et sans horloge centrale, nous n'utilisons pas le champ *reply-by*. Les mécanismes de *timeout* restent locaux aux agents.

**Notation**

Nous notons $\mathcal{M}$ l'ensemble des messages syntaxiquement corrects et, pour un message $m \in \mathcal{M}$, nous notons $snd(m)$, $dest(m)$, $perform(m)$, $content(m)$, $convID(m)$ et $msgID(m)$ les différents champs du message.

Lorsque cela n'est pas nécessaire, pour alléger les notations, nous ne représenterons pas les paramètres de contrôle des messages (*messageID* et *conversationID*). Nous utiliserons alors la notation définie par la FIPA pour décrire les messages dans les interactions :

$$< snd, p(rcv, c) >$$

où *snd* désigne l'agent émetteur, *rcv* l'agent récepteur, *p* le performatif et *c* le contenu.

### 3.3.2  Performatifs spécifiques

Dans notre étude, nous nous intéressons à la communication directe pour demander de l'information sur l'état d'un agent, pour déléguer des tâches ou pour le questionner à propos de ses capacités. Pour cela, nous utilisons un ensemble de performatifs spécifiques.

#### 3.3.2.1  Performatifs *query*, *inform* et *unknown*

Les messages de la forme :

$$< snd, query(rcv, v) >$$

permettent à l'agent *snd* de demander à l'agent destinataire *rcv* la valeur de la variable $v \in D_{rcv}$. D'un point de vue sémantique, ce message correspond dans la norme FIPA à :

$$< snd, query\text{-}ref(rcv, Ref(x).value(rcv, v, x)) >$$

où la proposition *value(rcv, var, val)* est vraie si et seulement si $var(val) \in D_{rcv}$.

Le contenu d'un message de performatif *query* (nous parlerons abusivement de « message *query* » par la suite) est donc un symbole de variable appartenant à $V$.

**Réponse**

L'agent récepteur (*rcv*) peut alors répondre l'un des messages suivants :
- $< rcv, inform(snd, v = val) >$ pour informer *snd* que $v(val) \in D_{rcv}$.
  Le contenu d'un message *inform* est donc de la forme $v = val$ avec $v \in V$ et *val* appartenant à l'espace de valeurs de $v$.
- $< rcv, unknown(snd, v) >$ pour informer *snd* que $v \notin V_{rcv}$.
  Le contenu d'un message *unknown* est donc un symbole de variable appartenant à $V$.

Comme nous pouvons le voir sur ce premier protocole simple, notre ACL s'attache à définir précisément les erreurs pouvant survenir dans la communication et à informer l'agent émetteur de la cause de ces erreurs. Là où les protocoles et performatifs usuels de la FIPA aurait conduit à un message $< rcv, \text{not-understood}(snd, snd, m) >$ (avec $m$ le message initialement envoyé), nous proposons d'autres types de réponses, fondés sur l'analyse du code de l'agent à l'exécution.

### 3.3.2.2 Performatifs *request* et *agree*

Les messages de la forme :

$$< snd, request(rcv, e) >$$

permettent à l'agent *snd* de demander à l'agent *rcv* de traiter l'événement $e$, c'est-à-dire d'exécuter l'action de nom $nom_e$. Le contenu d'un message *query* est donc un élément de $\mathcal{E}$.

**Réponse**

Dans le meilleur des mondes, l'agent *rcv* peut répondre à l'aide d'un message *agree* :

$$< rcv, agree(snd, e) >$$

pour indiquer qu'il accepte de traiter l'événement et d'effectuer l'action associée.[5] Cela signifie entre autres que l'action $nom_e$ était possible au moment où l'agent a reçu et traité le message *request* et que l'action sera effectuée par l'agent. Par contre, cela ne signifie pas que l'action a été effectuée. Nous reviendrons sur ce point dans la section 4.2.

Dans le cas général, l'agent ne pourra pas traiter directement l'événement et il devra utiliser l'une des réponses présentées ci-après. L'utilisation de ces performatifs dépend de nos algorithmes. Nous présentons dans les chapitres 4 et 5 les protocoles correspondants.

### 3.3.2.3 Performatifs *impossible* et *assert-cannot*

Pour indiquer qu'il ne peut pas effectuer l'action spécifiée par un événement $e$ envoyé par un agent *snd*, l'agent *rcv* utilise un message :

$$< rcv, impossible(snd, e, np(e, rcv)) >$$

où $NP$ correspond aux préconditions échouées pour le traitement de l'événement $e$ dont les variables figurent dans le softbody. Cet ensemble est construit à partir de $np(e, rcv)$ (tel que défini section 3.2.2.2) et de $SB_{rcv}$ en filtrant l'ensemble des préconditions échouées pour ne conserver que celles dont les variables sont visibles de l'extérieur :

$$NP = \{ p \in np(e, rcv) | \forall v \in vars(p), v \in SB_{rcv} \}$$

Le contenu du message *impossible* dans notre modèle est donc un couple (événement, ensemble de préconditions). Il correspond à un message *refuse* dans la norme FIPA : $< rcv, refuse(snd, rcv, a, NP) >$.

Pour indiquer qu'il ne dispose d'aucune action capable de traiter un événement $e$ ($\nexists a \in A_{rcv} | nom(a) = nom_e$), l'agent *rcv* utilise un message :

$$< rcv, \text{assert-cannot}(snd, e) >$$

Là où nous utiliserions un message *not-understood* dans la norme FIPA, le performatif *assert-cannot* permet d'exprimer des réponse du type « je ne peux pas faire ce que tu me demandes car je ne connais pas cette opération ».[6]

---

5. Notons que le contenu $e$ n'est pas nécessaire ici : les identifiants de conversation et de message permettraient de s'en affranchir.

6. Comme pour *agree*, le contenu $e$ n'est pas nécessaire ici : les identifiants de conversation et de message permettraient de s'en affranchir.

#### 3.3.2.4  Gestion des ambiguïtés

Comme nous allons le voir, nous disposons de deux algorithmes différents pour gérer les événement incomplets, sources de messages ambigus. En effet, si l'agent *rcv* contient l'action *nom* attendant les paramètres $x$ et $y$ et s'il reçoit un événement $nom(x(val_x))$, deux points de vue sont envisageables :

- Du point de vue de la composition de services (chapitre 4), le message n'est pas traitable en l'état et il faut demander à l'agent émetteur *snd* d'envoyer les informations manquantes (sur la valeur de $y$).
- Du point de vue de la gestion de l'hétérogénéité sémantique (chapitre 5), parce que les approches *bottom-up* considèrent l'ensemble des capacités (comme souligné par Allen [2]), le message est ambigu et cette ambiguïté doit être résolue.

Pour chaque approche correspond un ensemble de performatifs différents.

### Performatif *assert-can*

Pour indiquer que l'événement reçu est incomplet, c'est-à-dire que toutes les variables spécifiées dans le patron d'événement correspondant à $e$ ne sont pas renseignées, l'agent utilise un message :

$$< rcv, \text{assert-can}(snd, nom_e(F_x)) >$$

où $F_x$ est l'ensemble des attributs manquants. Ainsi, le contenu d'un message *assert-can* est un patron d'événement, dont les variables sont les attributs manquants dans l'événement $e$ reçu. Il permet ainsi d'exprimer des réponse du type « je peux le faire, mais il me manque telle donnée ».

Lorsqu'un agent reçoit un message *assert-can*, comme nous le verrons dans la section 4.1, il va enregistrer la demande et initier les protocoles nécessaires pour obtenir les informations manquantes (s'il ne les a pas déjà et s'il ne peut pas les calculer) à l'aide de messages *query*. Ensuite, lorsqu'il aura obtenu les valeurs manquantes, utilisera des messages *inform* pour transmettre les informations manquantes à l'agent *rcv*.

### Performatifs *clarify* et *suggest*

Pour indiquer qu'un événement est ambigu, c'est-à-dire qu'avec les informations fournies, plusieurs capacités sont envisageables, l'agent utilise un message :

$$< rcv, clarify(snd, E^e) >$$

où $E^e \subset E(rcv)$ est l'ensemble des événements possibles dans l'état courant pour l'agent *rcv* qui sont subsumés par l'événement $e$ : chaque $e' \in E^e$ est de type $nom_e$ et l'ensemble des paramètres de $e$ apparaissent dans $e'$. Plus formellement, si $e = nom_e(x_1(val_1), ..., x_n(val_n))$, alors :

$$\forall e' \in E^e, e' = nom_e(y_1(vy_1), ..., y_m(vy_m)) \text{ et } \forall i \in [1,n], \exists j \in [1,m] \text{ tq } y_j = x_i \text{ et } vy_j = val_i$$

Enfin, lorsqu'un agent *snd* souhaite indiquer à un autre agent *rcv* un sous-ensemble quelconque de ses capacités, c'est-à-dire un ensemble des événements qu'il peut traiter à l'instant courant, il utilise un message :

$$< rcv, suggest(snd, E') >$$

où $E' \subset E(snd)$ est l'ensemble des capacités transmises. Concrètement, ce type de messages est utilisé dans deux situations :

- Dans l'apprentissage automatique d'actes de communication (section 4.2), pour indiquer l'ensemble de ses capacités à un autre agent et lui permettre de construire de nouveaux messages *request* ;
- Dans le traitement de l'hétérogénéité sémantique (chapitre 5), lorsqu'un agent envoie un événement qui n'est pas traitable par l'agent (ce qui conduirait à un message *impossible*) mais qu'il existe des événements possibles. Au lieu de répondre par un simple message impossible, l'agent va proposer (via le message *suggest*) un ensemble d'événements à son interlocuteur.

**Remarque**

Selon le contexte applicatif, il n'est pas toujours pertinent d'indiquer à travers un message *clarify* ou *suggest* l'ensemble des ses capacités (par exemples si celle-ci correspondent aux paramètres d'accès à des comptes bancaires). C'est pour cela que, comme les préconditions énoncées dans un message *impossible*, les événements proposés dans un *clarify* ou un *suggest* ne pourront contenir que des données issues du softbody de l'agent.

### 3.3.2.5 Performatif *what-can*

Pour l'apprentissage automatique d'actes de communication, les agents peuvent vouloir demander l'ensemble de ses capacités à un pair. Ils utilisent pour cela un message :

$$< snd, \text{what-can}(rcv, \emptyset) >$$

Le contenu d'un message *what-can* est vide. Il correspond au message FIPA $< snd, \text{query-ref}(rcv, Ref(x).x \in E(rcv))) >$. Dans d'autre travaux, nous utilisons un patron d'événement pour filtrer la recherche [108, 107] mais cette propriété ne sera pas utilisé dans ce document.

**Réponse**

Comme évoqué précédemment, l'agent récepteur répondra par un message :

$$< rcv, suggest(snd, E(rcv)) >$$

décrivant l'ensemble de ses capacités.

### 3.3.2.6 Performatif *query-constraint*

Dans les travaux sur la composition de services que nous avons effectués dans le cadre de la thèse de Yasmine Charif [23] et que nous présentons section 4.1, nous considérons des services web associés à des bases de données. Dans ce contexte, l'utilisateur peut non seulement exprimer des commandes à travers des événements, mais aussi des requêtes simples sur les bases de données manipulées par le système. Le langage de requêtes, loin d'avoir l'expressivité de langages comme XQuery [7], se limite aux opérateur de comparaison, mais cela permet de représenter des services un peu plus riches et dépasse le cadre restrictif de la commande.

Ce type de requêtes n'est pas directement compatible avec la représentation attribut-valeur que nous avons adoptée dans ce document mais, sans revenir aux arbres XML, elles peuvent être représentées par des messages :

$$< snd, \text{query-constraint}(rcv, X, C) >$$

où $X$ est un ensemble de variables (dont l'agent émetteur suppose qu'elles sont toutes connues de l'agent $rcv$ : $X \subset V_{rcv}$) et $C$ est un ensemble de contraintes sur des valeurs de variables $x \in X$. Chaque $c \in C$ est de la forme $op(x, val)$ avec $op \in \{<, \leq, =, \geq, >\}$. L'agent récepteur recherche alors dans sa base de données les champs respectant l'ensemble de ces contraintes et répond par la donnée correcte.

Dans notre modèle, la réponse à un message *query-constraint* peut être de deux types :

- $< rcv, unknown(snd, X') >$ pour informer $snd$ que les variables de $X' \subset X$ ne sont pas connues de l'agent $rcv$ (il ne peut donc pas traiter la requête). Nous verrons section 4.1 comment dépasser ces cas d'erreur ;
- $< rcv, inform(snd, \{D\}) >$ où chaque $D \subset D_{agt}$ est un ensemble de données de l'agent satisfaisant les contraintes de la requête.
  En réalité, chaque $D$ est un ensemble de couples attributs-valeurs correspondant aux champs d'une seule donnée de la base de données de l'agent. La structure des bases de données et leur représentation dans notre modèle n'étant pas fondamentale dans les travaux que nous présentons ici, nous ne les détaillerons pas et nous ne discuterons pas plus des limitations de notre représentation par rapport à cet objectif.

---

7. http://www.w3.org/TR/xquery/

Dans ce cas un peu particulier des requêtes à une base de données, le contenu du message *inform* n'est plus un couple attribut-valeur, mais un ensemble d'ensemble de couples. Nous avons choisi d'utiliser le même performatif pour simplifier la description des protocoles dans la section 4.1.

#### 3.3.2.7 Performatifs *not-understood* et *error*

Enfin, pour gérer les cas d'erreurs (malgré tout inévitables), nous utiliserons deux messages à contenu vide :

$$< snd, \text{not-understood}(rcv, \emptyset) >$$

pour indiquer qu'une requête ne peut pas être comprise et

$$< snd, error(rcv, \emptyset) >$$

pour indiquer que le protocole a échoué.

## 3.4 Conclusion

Nous avons présenté dans ce chapitre le modèle d'agent que nous utilisons. Bien que certaines simplifications aient été faites par rapport aux travaux que nous avons publiés, le modèle présenté ici permet de prendre en compte l'étendue des problèmes que nous allons aborder dans les chapitres suivants.

Notre modèle est fondé sur l'introspection : un agent doit pouvoir, à tout moment de l'exécution, accéder à son état (c'est-à-dire les valeurs de ses données) et à la description de ses actions (préconditions et effets) pour pouvoir non seulement déterminer ses capacités à l'instant courant, mais plus généralement pour pouvoir répondre à des requêtes sur son fonctionnement émises par les autres agents du système ou par l'utilisateur. Le modèle de données que nous avons présenté associe à chaque donnée de l'agent un concept défini dans une ontologie, ce qui permettra de gérer les problèmes d'hétérogénéité sémantique. Les actions d'un agent sont constituées de deux types de préconditions, correspondant aux deux modes de fonctionnement possibles (pro-action et réaction). Les patrons d'événements, déclencheurs de réactions, permettent de définir les capacités d'un agent, par rapport aux autres agents et à l'utilisateur. La catégorisation des préconditions booléennes permet de déterminer quelles actions sont possibles à tout instant de l'exécution.

À partir de ce modèle simple, nous avons défini un ensemble de performatifs centrés sur la construction de messages d'explications du fonctionnement. Ces performatifs seront utilisés dans les chapitres suivants pour construire nos protocoles d'interaction qui sont à la base de nos algorithmes de composition de services, d'apprentissage d'actes d'interaction et de gestion de l'hétérogénéité sémantique.

L'ensemble de ce qui a été présenté ici est implanté dans la plate-forme d'agents open-source VDL[8]. Cette plate-forme permet de mener nos expériences pour évaluer les propositions d'algorithmes que nous faisons ci-après et de valider nos modèles théoriques. Elle est programmée en Java 1.6 et le langage d'agent s'appuie sur le modèle XML. Plusieurs choix conceptuels, liés ou non à l'implémentation, n'ont pas pu être présentés ici, en particulier sur la représentation des données de l'agent. Il est important de souligner que les algorithmes qui sont présentés dans les chapitres suivants sont indépendants du langage et de l'implémentation choisie.

---

8. http://www-poleia.lip6.fr:8180/~sabouret/demos/index.html

# Chapitre 4

# Composer les fonctionnalités

Dans ce chapitre, nous nous intéressons à l'utilisation des capacités d'introspection et de protocoles d'interaction multi-agents pour la composition de fonctionnalités. Comme nous l'avons montré dans les deux premiers chapitres, si l'on se place dans un cadre ouvert et faiblement couplé, il est difficile pour un ensemble d'agents de combiner leurs actions pour réaliser un but, qu'il soit décrit explicitement au niveau du système ou implicitement à partir des buts locaux des agents.

Nous proposons deux approches pour traiter ce problème. La première approche, qui a fait l'objet de la thèse de Yasmine Charif [23], propose un modèle de coordination fondé sur une *chorégraphie dynamique de services*. À partir d'une contrainte exprimée par l'utilisateur dans un message *query-constraint* ou sous la forme d'un événement dans un message *request*, nous nous appuyons sur un ensemble de protocoles locaux où chaque agent traite une partie du problème, délègue ce qu'il ne peut pas traiter aux autres agents et informe ses interlocuteurs des données qui lui manquent pour accomplir les tâches qu'il s'est vu attribué. À l'issue de ces interactions, le système atteint le but fixé par son utilisateur ou, s'il échoue, fournit une explication pour opérations qui n'ont pas pu être menées à bien (informations manquantes, préconditions non satisfaites, *etc*).

Dans une deuxième partie, nous présentons une autre approche fondée sur un algorithme d'apprentissage par renforcement d'actes de communication. Dans cette approche, qui fait l'objet de la thèse de Shirley Hoet débutée en 2008, l'agent apprenant ne connaît pas *a priori* les capacités des autres agents (contrairement au cadre des services web de la première approche, où un service de pages vertes permet d'identifier les services adéquats) et doit découvrir les effets de ses messages sur l'état du système en terme de récompense (l'objectif étant de maximiser la récompense jusqu'à trouver un ensemble d'opérations qui permette d'atteindre l'état but décrit implicitement à travers cette récompense).

Dans ces deux approches, nos agents utilisent leurs capacités d'introspection pour indiquer en cours d'exécution ce qu'ils peuvent faire, ce qu'ils ne peuvent pas faire et pourquoi.

## 4.1  Chorégraphie dynamique de services

Nous décrivons dans cette section notre architecture de chorégraphique dynamique de services dans un SMA. Notre travail a pour objectif de proposer une approche décentralisée, dynamique et automatique de chorégraphie de services. Comme l'illustre la figure 4.1, notre approche se déroule en quatre principales étapes :

1. D'abord, un utilisateur humain formule ses besoins à une entité médiatrice (sous forme d'interface graphique). Ces besoins sont formalisés sous la forme d'un message *query-constraint* pour les questions sur la base de données du service (par exemple, « quelle est la résolution de l'appareil photo machin ? ») ou d'un message *request* pour les commandes (par exemple, « achète l'appareil photo »).

2. Un module de découverte de services extrait ensuite des concepts de la requête pour déterminer l'ensemble des agents candidats à la composition à partir des informations contenues dans un registre de type Directory Facilitator ou pages vertes.

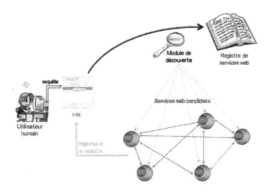

FIGURE 4.1 – Architecture générale de chorégraphie dynamique de services

3. Les services candidats tentent alors de satisfaire cette requête en s'envoyant des messages. C'est la phase de chorégraphie de services. Leurs interactions sont régies par un protocole de coordination que nous présentons dans cette section.

4. La réponse finale est envoyée à l'utilisateur. Selon le contexte, il peut s'agir d'un message *inform* décrivant le résultat de la recherche dans les bases de données, d'un message *agree* stipulant que la commande a bien été enregistrée par le système, d'un message *unknown* spécifiant un ensemble de données manquantes pour la réalisation de la chorégraphie ou un message *impossible* qui explique pourquoi le système ne peut pas effectuer la commande.

Dans cette section, nous présentons uniquement la chorégraphie de services. La traduction des besoins de l'utilisateur de la langue naturelle en messages formels, la découverte de services et la production d'une réponse pour l'utilisateur n'ont pas été étudiés dans le cadre de la thèse de Yasmine Charif. Ils ont fait l'objet de travaux de master qui n'ont pas tous aboutis à des modules opérationnels, en raison de la complexité des problématiques en jeu.

Dans la prochaine section, nous décrivons l'ensemble des protocoles de communication qui supportent la chorégraphie dynamique de services dans notre architecture. Nous présentons ensuite le fonctionnement de ces protocoles sur un exemple simple.

### 4.1.1 Protocoles de coordination

Comme l'illustre la figure 4.1, les protocoles de coordination utilisés par les agents spécifient deux rôles possibles :

**Participant** qui est le rôle d'un agent impliqué dans la coordination et qui a pour objectif d'interagir avec d'autres agents pour répondre aux besoins à satisfaire ;

**Initiateur** qui est en charge de diffuser la requête initiale aux agents participants et de recueillir les résultats.

Dans un SMA, n'importe quel agent peut prendre le rôle d'initiateur : il reçoit une requête de l'utilisateur, constate qu'il ne peut pas la résoudre seul, initie un protocole de chorégraphie dynamique et recueille la réponse finale pour l'utilisateur. En pratique, l'initiateur est souvent l'agent de l'utilisateur, en charge de l'interprétation des commandes et des requêtes en langue naturelle.

Dans les protocoles que nous présentons ci-après, le rôle de chaque agent (initiateur ou participant) est implicite et dépend du contexte. Dans le protocole *What-is* (figure 4.2), l'agent *b* est nécessairement l'agent initiateur. Dans tous les autres protocoles, *a* et *b* peuvent représenter n'importe quel agent du système (initiateur ou participant).

Nous présentons tout d'abord le mécanisme de mémorisation des interactions qui permet aux agents de suivre l'évolution des différents protocoles entrelacés dans la composition de services. Nous présentons ensuite le mécanisme de chorégraphie qui s'appuie sur un ensemble de protocoles.

#### 4.1.1.1 Traces des interactions

Les agents dans notre SMA interagissent et se coordonnent en fonction des messages reçus et de ceux qu'ils se sont précédemment échangés. Pour ce faire, chaque agent est muni d'une table d'historique. La table d'historique associée à un agent $agt$, notée $H_{agt}$, est un ensemble d'enregistrements, chacun étant dédié à une conversation.

Un enregistrement $h$ est un tuple $\langle id, m_0, M, R \rangle$ tel que :
- $id$ est l'identifiant de la conversation au sens FIPA, c'est-à-dire la valeur de *conversationID* qui sera utilisée pour tous les messages ;
- $m_0$ est le message initial de la conversation, envoyé à tous les participants pour initier la conversation ;
- $M$ est l'ensemble des messages que l'agent a envoyé et reçu au cours de cette conversation ;
- $R$ est l'ensemble des données recueillies permettant de construire la réponse finale à l'utilisateur dans le cas de préconditions échouées ou de données issues d'une base. Le type du contenu de $R$ dépend donc du type de $m_0$.

  Initialement, $R = \emptyset$. Il se construit au fur et à mesure des interactions et sa valeur finale définit le contenu du message de réponse.

Chaque fois qu'un agent reçoit ou envoie un message, il met à jour sa table d'historique et il envoie un message réponse à l'agent initiateur de la conversation lorsqu'il a collecté au moins un élément de réponse dans $R$.

#### Résolution d'une requête

Nous dirons qu'un agent a résolu une requête dès qu'il a réussi à construire, pour un message *query-constraint* ou *request* reçu initialement, une requête réponse de performatif *inform*, *agree*, *unknown* ou *assert-can*. Nous dirons que la requête a été satisfaite si la réponse est de performatif *inform* ou *agree*.

Le rôle d'un agent se termine dès lors qu'il a résolu toutes les requêtes qui lui ont été attribuées dans la conversation.

#### 4.1.1.2 Spécification générale du protocole

Dans cette section, nous présentons graphiquement les règles par des micro-protocoles en utilisant AUML [84]. L'originalité de notre protocole vient du fait qu'il n'est pas linéaire : chaque message reçu peut conduire soit à une réponse directe (si l'agent est capable de construire cette réponse à partir de ses informations, comme présenté section 3.3), soit à la création de nouveaux messages pour les autres agents participants (initiation de sous-protocoles), soit à la construction d'une réponse à une requête plus ancienne, justement parce que les informations contenues dans le message permettent enfin de compléter la réponse.

Pour décrire ces différentes situations, nous définissons les « réponses » possibles pour chaque type de message ainsi que les destinataires des « réponses ».

#### Calcul du destinataire

Soit $agt$ un agent recevant un message $m$. Soit $h \in H_{agt}$ l'enregistrement tel que $h.id = convID(m)$. Selon le contexte, le message $m$ peut induire différentes « réponses » transmises à différents agents :
- Si le message $m$ est de performatif *query-constraint* ou *request* et si $agt$ ne dispose pas d'informations suffisantes pour effectuer directement ce qui lui est demandé, il va construire une réponse de performatif *assert-can* ou *query* (selon le performatif de $m$) pour demander des informations complémentaires. Cette réponse doit donc être envoyée à tous les agents participants pour que ceux-ci puissent rechercher les informations manquantes ;

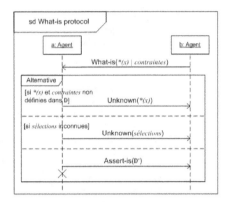

**FIGURE 4.2** – Protocole permettant de traiter les messages *query-constraint*. Dans ce schéma AUML 2.1 issu de la thèse de Yasmine Charif, le performatif *what-is* correspond au performatif *query-constraint* dans notre modèle simplifié, le performatif *unknown* correspond à un ensemble de messages *query* et le performatif *assert-is* correspond à *inform*.

– Si le message $m$ conduit $agt$ à compléter $h.R$ de manière à pouvoir répondre à la requête initiale $m_0$ (par exemple, si $m$ est de performatif *inform* et si l'information obtenue est celle qui manquait pour pouvoir résoudre la requête), alors $agt$ va construire une réponse de performatif *inform* ou *unknown* (si $m_0$ est de performatif *query* ou *query-constraint*) ou de performatif *assert-can* ou *agree* (si $m_0$ est de performatif *request*) qui sera envoyée à l'agent émetteur de $m_0$ (et la conversation est terminée) ;
– Dans tous les autres cas, la réponse est envoyée uniquement à l'agent émetteur de $m$.

**Traitement des messages**

Le traitement des messages repose sur un ensembles de règles dialectiques décrites à travers des protocoles d'interaction multi-agents. Ces protocoles sont décrits en détail dans la thèse de Yasmine Charif [23] mais nous pouvons les résumer de la manière suivante :
– Lorsque qu'un agent reçoit un message *query-constraint*, deux situations sont possibles :
  – Soit l'agent est capable de répondre à la requête directement. Il utilise alors un message *inform* comme indiqué section 3.3.
  – Soit certaines variables de la requête ou de la contrainte sont inconnues de l'agent. Dans le contexte présenté section 3.3, l'agent répondrait par un message *unknown* et la conversation serait terminée (la requête n'a pas pu être résolue). Au contraire, dans le modèle de chorégraphie dynamique que nous proposons ici, l'agent va diffuser un ensemble de messages *query* pour obtenir les informations manquantes. À l'issue de la chorégraphie, lorsqu'il aura reçu les informations manquantes (ou lorsqu'il aura la certitude de ne pas pouvoir les obtenir dans le SMA), il pourra répondre par un message *inform* (succès) ou *unknown* (échec). Ce protocole est illustré sur la figure 4.2. [1]
– Lorsqu'un agent reçoit un message *request*, s'il peut le traiter, il répond par un message *agree*. En revanche, s'il lui manque des données, il initie un sous-protocole qui consiste :
  – soit à informer l'agent émetteur des données manquantes (par un *assert-can*) lorsque sa table d'historique lui indique que ces données sont déjà recherchées par un *query* dans le système ;

---

1. Par égard pour la qualité et la complexité des protocoles proposés par Yasmine Charif dans sa thèse, dont nous ne pouvons pas rendre compte à travers le modèle simplifié que nous utilisons ici, nous avons choisi de reproduire à l'identique les protocoles qui ont été définis initialement. Ces protocoles n'utilisent pas le même ensemble de performatifs, ce qui nécessite un sous-titrage particulier.

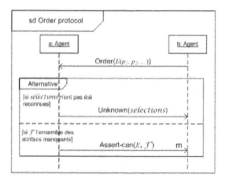

FIGURE 4.3 – Protocole permettant de traiter les messages *request* en AUML 2.1. Le performatif *order* correspond à *request* et le performatif *unknown* à un ensemble de messages *query*.

- soit à diffuser par broadcast un ensemble de messages *query* pour obtenir ces données.
Ce sous-protocole est illustré sur la figure 4.3.
- Lorsqu'un agent reçoit un message *query*, il recherche dans ses données la valeur demandée et répond soit par un message *inform*, soit par un message *unknown*, comme indiqué section 3.3.
- Lorsqu'un agent reçoit un message *unknown*, c'est qu'il a sollicité des informations auprès d'autres agents pour une requête. Il décide alors (en fonction des messages *query* émis et des réponses reçues tels que mémorisés dans sa table d'historique) s'il est incapable de satisfaire la requête qui lui a été soumise (auquel cas il renvoie à son tour un message *unknown* à l'agent émetteur de $m_0$) ou s'il attend d'autres réponses.
- Lorsqu'un agent reçoit un message *assert-can*, il en analyse le contenu. S'il a la possibilité de fournir les informations manquantes, il va renvoyer un nouveau *inform* avec l'ensemble des informations requises. Dans le cas contraire, il va diffuser par broadcast un ensemble de messages *query* pour obtenir ces données.
- Enfin, lorsqu'un agent reçoit un message *inform*, il vérifie dans sa table d'historique s'il était attendu ou pas, *i.e.* s'il a précédemment envoyé un message *query* à l'agent émetteur. Selon la situation et selon le performatif du message $m_0$, il va alors soit continuer d'attendre, soit construire une réponse pour l'agent initiateur, soit essayer d'exploiter cette nouvelle information pour formuler un nouveau message *request*.

### 4.1.2 Exemple

Pour évaluer les performances de notre protocole de coordination, nous avons implémenté dans la plate-forme VDL plusieurs exemples simples fondés sur des scénarios d'intelligence ambiante ou de e-commerce.

Dans l'exemple que nous reproduisons ici, nous nous intéressons à un utilisateur qui souhaite enregistrer un film. Outre un « agent de l'utilisateur » factice qui ne sert qu'à recevoir la requête, le SMA est composé d'un agent *television*, capable de diffuser un film, d'un agent *telephone*, capable d'appeler à l'extérieur (ce qui n'est d'aucune utilité ici), d'un agent *hifisystem* capable de diffuser de la musique et d'un agent *dvdrecorder* capable d'enregistrer un film qu'on lui diffuserait.

Le déroulement de notre protocole de chorégraphie dynamique de services est illustré sur la figure 4.4. Sur cet exemple très simple, ne faisant intervenir que des messages *request* et *query*, l'agent *dvdrecorder* ne peut pas résoudre seul la requête initiale car il manque des paramètres dans cet événement (en l'occurrence, le nom du flux à enregistrer). En utilisant ses capacités d'introspection, il peut déterminer les informations manquantes pour le traitement de l'événement et construire une requête pour obtenir ces informations auprès des autres agents. Il va alors diffuser par broadcast cette demande de publication du film sur un canal d'enregistrement qui sera satisfaite par l'agent *television*, permettant la réalisation de la requête de l'utilisateur. Malgré l'absence de schéma directeur et de connaissance sur les capacités des autres agents, le système s'est auto-organisé à partir de l'introspection

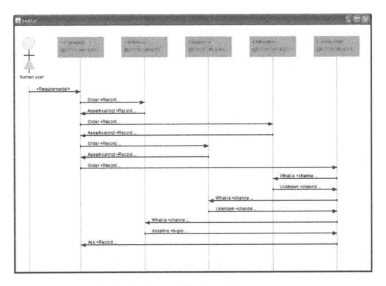

FIGURE 4.4 – Trace des interactions lors de la composition de services.

Sur cet exemple, issu de la thèse de Yasmine Charif [23], le performatif *what-is* correspond au performatif *query* dans le modèle que nous avons présenté, *assert-is* correspond à *inform*, *order* correspond à *request* et *ack* correspond à *agree*.

du *dvdrecorder* et a pu construire dynamiquement une chorégraphie de services qui résout le problème posé, sans qu'aucun schéma de composition pré-établi n'ait été fourni.

### 4.1.3   Conclusion et limites

La principale contribution de la thèse de Yasmine Charif, que nous avons à peine survolée ici, consiste en la proposition à la fois d'une approche globale de chorégraphie dynamique de services et d'un modèle de coordination dynamique multi-agent.

Cette proposition repose sur une architecture générale combinant technologie services web et système multi-agent, un modèle d'agent introspectif permettant d'analyser et de raisonner sur ses propres actions afin d'évaluer s'il est capable de prendre en charge intégralement ou partiellement la résolution d'une requête, un protocole dynamique d'interaction multi-agent, décentralisé et distribué, fondé sur un ensembles de performatifs spécifiques, permettant la décomposition dynamique des tâches à accomplir par les agents sans connaissance préalable sur les capacités de leurs pairs.

Cependant, certaines limitations demeurent. Bien que nous n'ayons pas pu le présenter ici, le modèle de contraintes pour exprimer des requêtes sur les bases de données des agents (via des messages *query-constraint*) n'est pas assez expressif : il ne permet pas de représenter des contraintes absolues (comme « la valeur la plus petite ») ou dynamiques (en rapport avec l'état des services). C'est cette simplicité qui nous permet de garantir la convergence du protocole. Mais elle pose des problèmes de passage à l'échelle du modèle.

Les situations correspondant à des contraintes dynamiques que nous avons pu mettre en évidence nous ont conduit à envisager le problème sous un autre angle. En effet, la chorégraphie de services, comme la planification multi-agent, s'appuie sur l'expression d'un but pour déterminer la solution. Cela peut être problématique lorsque les sous-buts des agents, induits par le processus de chorégraphie ou de planification, sont incompatibles entre eux. Nous nous sommes donc tournés vers les méthodes de planification dynamique, utilisées par exemple en apprentissage par renforcement, qui s'appuient des fonctions de récompense en fonction de l'état (local ou global) du système. Dans ce contexte, nous avons choisi de nous intéresser à l'apprentissage d'actes de communication dont nous avons montré section 2.3 qu'il constituait un problème particulièrement important et ardu.

## 4.2 Apprentissage d'interactions

Dans cette section, nous présentons notre algorithme d'apprentissage d'actes de communication. Notre solution prend en compte les hypothèses d'observabilité partielle et d'asynchronisme liées au SMA. Dans un premier temps, nous nous intéressons au cas particulier d'un seul agent apprenant, ce qui implique que les politiques des autres agents sont déterministes : même s'il ne les connaît pas à l'avance, l'agent peut découvrir progressivement (par renforcement) l'effet de ses actions sur l'environnement et s'approcher du PDM associé.

Premièrement nous montrons comment l'agent peut déterminer les contenus des messages, en utilisant des protocoles simples. Ensuite nous présentons notre mécanisme d'apprentissage par renforcement des actions et des actes de communication de l'agent. Nous montrons alors comment les agents peuvent apprendre à attendre les effets de leurs messages directifs. Enfin nous montrons comment notre algorithme peut être adapté pour traiter l'hypothèse de non-markovité en désambiguïsant les observations de l'agent.

Ce travail fait l'objet de la thèse en cours de Shirley Hoet et a déjà donné lieu à une publication [54].

### 4.2.1 Construction des actes de communication

Nous avons choisi dans un premier temps de nous limiter à la construction de messages *query* et *request*, qui sont les deux types de messages de base que notre modèle d'agent propose pour la coordination multi-agent.

La première difficulté de l'apprentissage par renforcement est de déterminer les contenus qui ne sont pas donnés *a priori* dans un SMA ouvert. Pour cela nous proposons d'utiliser deux protocoles d'interaction simples qui reposent sur les capacités d'introspection de notre modèle et sur l'hypothèse que les agents sont coopératifs et non byzantins (dans le sens où ils effectuent les actions qui leur sont demandées via un message *request* et ils répondent correctement lorsqu'ils connaissent la réponse d'un message *query*). L'idée générale est alors que l'agent va d'abord « explorer » le SMA à l'aide des deux protocoles afin de construire un maximum d'actes de communication. Il va ensuite pouvoir tester les messages ainsi déduits.

Le dilemme exploration-exploitation est géré via un facteur $W$ qui tend à décroître lorsque l'exploration ne conduit plus à un résultat. Ce facteur est différent de la température utilisée pour déterminer l'action à effectuer dans un état donné dans l'algorithme de Q-Learning. Le facteur $W$ détermine si l'agent doit continuer à construire des actes de communication ou s'il est préférable d'apprendre à utiliser ses actions pour un état donné.

Dans la suite de ce chapitre, nous notons $A(agt)$ les actions de l'agent $agt$ dans l'état courant. Cet ensemble comprend ses actions internes ainsi que l'ensemble des messages qu'il pense pouvoir envoyer à ses pairs lorsqu'il est dans cet état. L'algorithme de Q-Learning que nous présentons permet alors de construire un ensemble de valeurs $Q(e,a)$ tel que $a \in A(e)$. Contrairement au cadre classique, l'ensemble des $a$ possibles dans un état $e$ donné n'est donc pas connu à l'avance : il est construit au fur et à mesure par exploration du SMA par l'agent apprenant.

#### 4.2.1.1 Construction des messages *request*

Pour construire les contenus des messages *request*, nous utilisons le protocole *what-order* illustré sur la figure 4.5. Ce protocole correspond simplement au traitement des messages *what-can* tel qu'il a été présenté section 3.3.

À partir de $E(rcv)$ fourni dans le contenu de la réponse *suggest* à son message *what-can*, l'agent *snd* peut construire un ensemble d'actes de communication de la forme suivante :

$$< snd, request(rcv, a_i) > \qquad \forall a_i \in E(rcv)$$

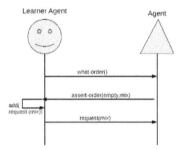

FIGURE 4.5 – Exemple de protocole *what-order*. Dans cet exemple, tiré d'un article de Shirley Hoet [54], le performatif *what-order* correspond à *what-can* dans le modèle utilisé ici et *assert-order* correspond à *suggest*.

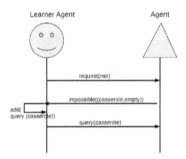

FIGURE 4.6 – Exemple d'utilisation du performatif impossible

Concrètement, l'agent ajoute simplement l'ensemble de ces message à la liste des actions possibles dans l'état courant $A(snd)$. En effet, il est *a priori* pertinent de demander dans cet état à *rcv* d'effectuer l'une des actions $a_i$.

Notons que nous n'aurons aucun message *assert-cannot* dans notre système puisque les agents envoient un message *request* uniquement sur les actions qui lui ont été proposées par leurs pairs dans les messages *suggest*. [2]

#### 4.2.1.2   Construction des messages *query*

Pour construire les contenus des messages *query*, nous utilisons le contenu des messages *impossible* reçus lors de l'échec d'un message *request*, comme illustré sur la figure 4.6.

À partir de l'ensemble $NP$ des préconditions échouées, fourni dans la deuxième partie du contenu de la réponse (comme présenté section 3.3), l'agent *snd* peut construire un ensemble d'actes de communication de la forme suivante :

$$< snd, query(rcv, v_i) > \qquad \forall v_i \in vars(p_j), \forall p_j \in NP$$

Chaque précondition $p_i$ ayant échoué dans le traitement du message initial contient un ensemble de variables $vars(p_i)$ qui peuvent être utilisées pour construire des messages *query* qui seront ajoutés à l'ensemble $A(snd)$. Il est *a priori* pertinent de se renseigner sur l'état des $v_i$ dans l'état *snd*, pour éviter un message impossible lors de l'envoi de *e*.

---

2. Cependant, dans notre implémentation en VDL, les agents ont la possibilité de modifier dynamiquement leurs propres actions (voir [107, 109]) à tout moment de l'exécution, ce qui compliquerait encore l'apprentissage.

Rappelons que *NP* ne contient que les préconditions dont les variables sont visibles de l'extérieur. Ainsi, chaque $v_i \in vars(p_j)$ est une variable « publique » de l'agent, c'est-à-dire que les messages *query* ne pourront pas échouer.

### 4.2.1.3 Cadre partiellement observable

Dans un cadre multi-agent, la difficulté provient de l'aspect partiellement observable du SMA. En effet, les actes de communications appris dans un état $snd_t$ donné sont *a priori* pertinents pour tous les états $snd_{t'>t} = snd_t$. Cependant, en raison des états cachés de l'agent *rcv*, un même état pour *snd* peut correspondre à des états différents pour *rcv* :

$$snd_{t'} = snd_t \nRightarrow rcv_{t'} = rcv_t$$

Ainsi, une requête sur $a_i \in E(rcv_t)$ peut échouer (c'est-à-dire conduire à un message *impossible*) à l'instant $t'$. C'est ce qui justifie d'apprendre à interroger l'autre agent à l'aide de messages *query*. Mais réciproquement, l'agent peut considérer possible l'utilisation d'un message *query* sur la variable $v_i$ à l'instant $t'$ pour vérifier la faisabilité d'une action alors que, dans le cas général, cette information n'est pas pertinente s'il a correctement fixé l'état du système par ses actions précédentes. Il faut donc apprendre à ne pas utiliser ces messages *query* coûteux lorsque cela n'est pas nécessaire.

Pour résoudre ce problème, nous augmentons l'état de l'agent d'une mémoire $M$. Plusieurs approches sont alors possibles :

1. $M$ peut être définie comme un ensemble de dates associées aux observations $O_{snd}$ de l'agent permettant de conserver l'âge d'une observation pour décider s'il est nécessaire de la renouveler. Cette solution est relativement coûteuse en terme d'états (si on limite la mémorisation des observations à 10 pas de temps, chaque élément de $M$ peut prendre 10 valeurs, ce qui conduit à multiplier la taille de l'espace d'états par $10^{|O_{snd}|}$).

2. En s'appuyant sur le modèle proposé par Mc Callum [76] présenté section 2.3.2, nous pouvons considérer $M$ comme étant la liste des dernières observations et actions effectuées. Un algorithme itératif permet alors de déterminer quelle taille de mémoire doit être utilisée pour chaque état. Cette solution peut être théoriquement assez coûteuse en mémoire (l'espace d'état est au pire multiplié par $|M|^{(|O_{snd}|+|A(snd)|)}$) et en temps (il faut itérer le processus pour découvrir les états cachés et leur ajouter un cran de mémoire) mais elle s'avère en pratique plus économique en mémoire (tous les états n'étant généralement pas munis d'une mémoire).

Dans les travaux que nous présentons ici, nous avons adopté la deuxième solution.

## 4.2.2 Gestion des actions de communication

Dans notre algorithme, nous devons combiner les objectifs d'interaction et de distribution d'un SMA et les contraintes imposées par les modèles de type PDM sur lesquels repose l'apprentissage. Cela soulève deux problèmes principaux : celui de la non-réponse à un message et celui des effets indirects sur le système des messages *request*.

### 4.2.2.1 Gestion des messages perdus

Dans un PDM, les actions sont effectuées uniquement en séquence : l'agent doit observer le résultat de la première action pour déterminer un nouvel état dans lequel il effectue la deuxième action. Pour permettre à l'agent d'apprendre *quand* communiquer, il est indispensable que nos actes de communications soient modélisés comme des actions au sens du PDM. Par conséquent, dans notre modèle, l'agent ne peut rien effectuer de plus tant qu'il n'a pas reçu de réponse au message qu'il a envoyé. Du point de vue de l'apprentissage, l'agent attend une réponse à ses messages avant de décider si cette action de communication était ou non un choix pertinent.

Or, dans un SMA ouvert, un message peut ne pas recevoir de réponses, soit parce qu'il a été perdu pendant le transport, soit parce que l'agent destinataire a quitté le système ou est en panne, soit simplement parce que le destinataire décide d'ignorer le message.

Pour éviter que l'agent n'attende une réponse indéfiniment (ce qui le bloquerait dans son exécution, puisque nos agents attendent une réponse à leurs messages avant de décider si l'action était ou non un choix pertinent), nous utilisons un *timeout* au delà duquel l'agent considère le message comme étant perdu. Si l'agent ne reçoit pas de réponse au delà de cette limite, il termine l'action et il ne modifie pas la valeur de la table $Q$ associée à l'envoi de ce message (il se comporte donc comme si son message avait été perdu).

### 4.2.2.2 Apprendre à attendre

Dans un SMA asynchrone, il est difficile de déterminer à quel moment une action déléguée à un autre agent peut être considérée comme terminée. Dans le protocole FIPA-request, ce problème est géré par l'envoi d'un message *confirm* lorsque l'action demandée est terminée. Dans le cadre de l'apprentissage de communication, cette solution n'est malheureusement pas envisageable pour plusieurs raisons. D'une part, elle requiert l'envoi de nouveaux messages (lesquels peuvent être relativement coûteux). D'autre part, dans un modèle de type PDM, l'attente de ce message *confirm* va bloquer l'exécution de l'agent (les transitions dans un PDM correspondent à l'exécution d'une seule action à la fois). La gestion de plusieurs actions en parallèle n'est pas compatible avec les algorithmes d'apprentissage dont nous disposons.

Pour gérer ce problème, nous introduisons dans $A(snd)$ une action *wait*, utilisable quelque soit l'état de l'agent. Cette action n'a aucun effet, si ça n'est de faire attendre l'agent un pas de temps supplémentaire.

À chaque pas de temps, l'agent peut donc soit initier un protocole *what-order* pour enrichir son catalogue d'actes de communication, soit effectuer une action interne, soit envoyer un message *request*, soit attendre un tour.

### 4.2.3 Algorithme d'apprentissage

Dans cette section, nous notons $s$ l'état courant de l'agent, comprenant les valeurs des données $D_s$ et les observations $O_s$. L'ensemble des observations est réduit à :
- Un singleton $\{v_o(val_o)\}$ lorsque la dernière action effectuée par l'agent est un message *query* : l'observation enregistrée est la réponse à ce message ;
- L'ensemble vide dans tous les autres cas.

Pour simplifier, cette observation est stockée comme un élément de la mémoire de l'agent.

Nous utilisons les variables suivantes :
- $Q(s,a)$ qui décrit la valeur de Q-Learning pour l'action $a \in A(s)$ ;
- $T$ qui représente la température de Boltzman ;
- $W$ qui représente la température pour le protocole *what-order* (initialement à 1) ;
- $M(s)$ qui décrit la mémoire associée à l'état $s$ ; c'est une liste ordonnée d'actions et d'observation.

### 4.2.3.1 Q-Learning modifié

Notre algorithme de Q-learning modifié est le suivant :
- À chaque pas de temps, l'agent tire aléatoirement une valeur $rand \in [0,1]$.
- Si $rand < W$, l'agent envoie un message *what-can* à l'un des autres agents du système $rcv$. Deux situations sont alors envisageables :
  - Soit $\exists evt \in E(rcv) | < snd, request(rcv, evt) > \notin A(s)$ : l'ensemble $E(rcv)$ contient de nouvelles propositions d'actions. Dans ce cas, les nouvelles actions sont ajoutées à $A(s)$ et $W$ est augmenté de $\delta_w$.
  - Soit l'ensemble $E(rcv)$ ne contient aucune nouvelle proposition. Dans ce cas, $W$ est diminué de $\delta_w\%$.
- Sinon, l'agent choisit une action en utilisant $Q$ et $T$ comme défini dans l'algorithme de Q-learning :

$$\forall a \in A(s), prob(a) = \frac{e^{Q(s,a)/T}}{\sum_{b \in A} e^{Q(s,a)/T}}$$

Plusieurs situations sont alors possibles :

- Si $a$ est un message, l'agent attend la réponse et reçoit une récompense $-r_1$ si le message réussit (réponse *inform* pour un message *query* ou *agree* pour un message *request*) et $-2r_1$ si le message échoue (réponse *unknown* pour un message *query*[3] ou *impossible* pour un message *request*).
- Si $a$ est l'action *wait*, l'agent reçoit une récompense $-r_2$ avec $0 \geq -r_2 > -r_1$, pour favoriser l'attente à l'envoi de message.[4]

Dans tous les cas, $T$ est décrémentée, la plus ancienne donnée dans la mémoire est supprimée et la dernière opération effectuée est mémorisée en tête de file :
- Si $a$ est un message *query*, c'est le contenu de la réponse $v_o(val_o)$ qui est mémorisé ;
- Si $a$ est un message *request*, c'est le contenu du message (c'est-à-dire l'événement envoyé) qui est mémorisé ;
- Si $a$ est un action (y compris *wait*), c'est cette action qui est mémorisée.
- Enfin, l'état du système est évalué globalement et l'agent reçoit, le cas échéant, une récompense en fonction du problème considéré.

La récompense $r_0$ en cas de succès doit être positive et les éventuelles pénalités en cas d'échec $-r_{i>3}$ doivent être, *a minima*, inférieures à $-r_1$ pour favoriser l'envoi de message ou l'attente par rapport aux autres actions.

### 4.2.3.2 Utilisation de la mémoire

Au bout de $N$ itérations de cet algorithme ($N$ étant fonction de la décroissance de $T$), nous recherchons les $k$ noeuds les plus ambigus en utilisant l'heuristique proposée par Dutech [30] et présentée section 2.3.2 à laquelle nous ajoutons le critère suivant :
- Un état dans lequel la meilleure action est l'action *wait* est nécessairement un état ambigu.

Nous calculons ainsi l'ambiguïté de chaque état par :

$$amb(s) = wait(s) + \frac{1}{3}\left( rang_s[up(s)] + rang_s\left[\frac{1}{|A(s)|}\sum_{a \in A(s)} \Delta q_a\right] + rang\_inv_s[q_{a_1} - q_{a_2}] \right)$$

où :
- $up(s)$ désigne le nombre de mises à jour de l'état $s$ ;
- $a_1$ et $a_2$ représentent les deux meilleures actions dans l'état $s$ (c'est-à-dire celles maximisant la valeur $Q(s,a)$) ;
- $wait(s) = \infty$ si $a_1 = wait$, 0 sinon ;
- $q_a = Q(s,a)$ et $\Delta q_a$ désigne la dernière correction sur $q_a$ ;
- $rang_s[\varphi(s)]$ désigne le rang de la valeur $\varphi(s)$ par rapport aux autres $\varphi(s')$ correspondant aux autres états, dans l'ordre croissant. $rang\_inv$ désigne le rang par ordre décroissant.

La taille de la mémoire des $k$ états les plus ambigus est alors augmentée de 1, la table de $Q(s,a)$ est intégralement remise à zéro et le processus d'apprentissage décrit dans la section précédente recommence.

L'algorithme se termine :
- Soit lorsque la mémoire dans les états ambigus atteint une valeur seuil ;
- Soit lorsque la récompense obtenue lors des $N$ dernières itérations est suffisamment proche de la récompense obtenue lors des $N$ précédentes (l'ajout de mémoire n'a rien modifié).

### 4.2.4 Implémentation et évaluation en cours

Notre algorithme d'apprentissage a été implémenté sur la plate-forme multi-agent VDL et testé sur plusieurs exemples de SMA. Nous présentons ici deux évaluations. La première a permis de montrer l'apport de l'action *wait* et de la mémoire pour l'apprentissage de messages *request* dans un contexte asynchrone. La seconde a permis de mettre en évidence les difficultés liées à l'apprentissage des messages *query*.

---

3. Cette situation ne se produit pas dans notre modèle, l'ensemble des données n'étant pas modifié en cours d'exécution. Cependant, il est possible dans notre implémentation en VDL.

4. Le choix de la valeur de $r_2$ est controversé : $r_2 = 0$ correspond à une très grosse aversion au risque : l'agent préfère attendre qu'agir inutilement. $r_2$ trop proche de $r_1$ conduit l'agent à communiquer sans attendre les effets de ses actions.

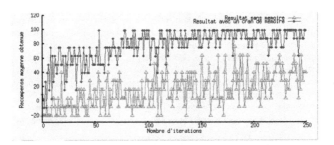

FIGURE 4.7 – Récompense moyenne sur 10 expériences en fonction du nombre d'itérations de l'algorithme pour un agent sans mémoire ($\triangle$) et avec un cran de mémoire ($\bullet$). Chaque période d'apprentissage comprend 2500 expériences. Les récompenses ont été fixées de la manière suivante : $r_0 = 100$ (trésor), $-r_1 = -2$ (message), $-r_2 = 0$ (*wait*), $-r_3 = -20$ (piège). L'algorithme de Q-learning est paramétré par $T_0 = 5$, $\delta_T = -0,001\%$, $\alpha_s = \frac{1}{up(s)}$, $\gamma = 0,9$.

#### 4.2.4.1 Apprentissage de contrôle asynchrone

Ce premier exemple fait intervenir un agent qui se déplace dans un labyrinthe $5 \times 5$ contenant un état but (associé à une récompense $r_0$) et des états puits (représentant 25% du labyrinthe et associés à une récompense $-r_3$) en fonction des commandes qui lui sont envoyées par l'agent apprenant. L'agent explorateur peut effectuer les quatre actions de déplacement (haut, bas, gauche, droite) en fonction de sa position. L'agent apprenant connaît la position de l'agent explorateur (mais il ne sait pas où sont les murs et les puits). Il doit découvrir (via le protocole *what-order*) les actions qu'il peut demander à l'explorateur et leurs effets sur l'état du système (à travers la récompense reçue).

Chaque agent a sa propre vitesse d'exécution (quelconque mais constante tout au long de l'expérience ; concrètement, nous avons un écart d'une échelle de 2). Cet asynchronisme force l'agent apprenant à utiliser au moins un cran de mémoire et à attendre que l'agent explorateur se soit déplacé avant d'effectuer la prochaine action. Par contre, le problème ne nécessite pas l'utilisation de messages *query*.

Les résultats de cette évaluation sont illustrés sur la figure 4.7. Ils montrent que, dans un cadre asynchrone, notre algorithme d'apprentissage d'actes de communication de type *request* converge grâce à l'ajout d'un cran de mémoire (ce qui n'est pas le cas de l'algorithme n'utilisant pas la mémoire des observations).

#### 4.2.4.2 Apprentissage de messages *query*

Dans ce second exemple, nous considérons un agent *cuisinier* qui souhaite obtenir du chocolat fondu en interagissant avec un agent *casserole* qui agit sur l'état du chocolat de manière stochastique en fonction de l'état de la plaque sur laquelle la casserole repose (allumée ou éteinte). Du point de vue de l'agent apprenant, l'état de la casserole est décrit par deux variables observables : *allumée* (variable booléenne) et *chocolat* qui peut prendre les valeurs froid, chaud, fondu ou brûlé. Initialement, la casserole est éteinte et contient du chocolat froid. L'expérience se termine lorsque le cuisinier vide la casserole (la récompense dépend alors de l'état du chocolat) ou lorsque le chocolat passe dans l'état brûlé (échec).

L'agent *cuisinier* peut utiliser les événements *allumer* et *éteindre* pour changer l'état de la plaque ou *vider* pour récolter le chocolat. Lorsque la plaque est allumée, l'agent *casserole* effectue la pro-action *fonte* qui transforme suivant une probabilité $p_{choco}$ le chocolat froid en chocolat chaud, le chocolat chaud en chocolat fondu et enfin le chocolat fondu en chocolat brûlé. De même le processus inverse *solide* permet (si la casserole est éteinte) de rendre chaud le chocolat fondu et de rendre froid le chocolat chaud. Notons que si le passage d'une valeur à une autre pour le chocolat est probabiliste, les événements *allumer*, *éteindre* et *vider* sont déterministes : ils produisent le même effets à chaque fois.

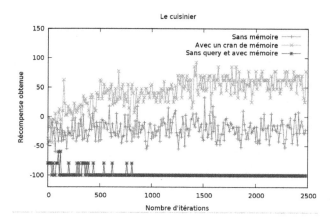

FIGURE 4.8 – Récompense moyenne sur 10 expériences en fonction du nombre d'itérations de l'algorithme pour un agent n'utilisant que des messages *query* (⋆), utilisant des messages *query* mais sans mémoire (+) et utilisant des messages *query* avec un cran de mémoire (×). Les récompenses choisies sont $-r_3 = -50$ lorsque l'agent vide la casserole alors que le chocolat est seulement chaud et $-r_4 = -100$ lorsque le chocolat brûle ou lorsque l'agent vide la casserole alors que le chocolat est froid. Les récompenses pour les messages, l'état but ainsi que le paramétrage de l'algorithme de Q-learning sont les mêmes que pour l'exemple précédent. La probabilité de transition sur l'état du chocolat est $0,3$.

La difficulté de ce problème vient du fait que le cuisinier n'observe directement que la variable *allumée* de la casserole. Il doit donc apprendre à envoyer des messages *query* afin de déterminer la valeur de *chocolat* pour ne pas le laisser brûler ou pour ne pas vider la casserole trop tôt. Il doit aussi apprendre à attendre que le chocolat fonde et ne pas envoyer des actes de communication à chaque instant.

Les résultats de cette évaluation sont illustrés sur la figure 4.8. Ils montrent que l'agent est incapable d'obtenir du chocolat fondu s'il n'utilise pas de message *query* ou s'il n'utilise pas de mémoire, ce qui est cohérent avec l'hypothèse d'environnement partiellement observable et stochastique. Avec un cran de mémoire notre algorithme converge vers une récompense moyenne de 70, ce qui est encourageant, au prix de nombreux actes de communications. La principale surprise vient du fait que l'ajout de cran de mémoire supplémentaire ne permet pas l'amélioration de la récompense moyenne obtenue : lorsqu'on augmente la taille de la mémoire, l'agent apprend à atteindre son but en effectuant moins d'actes de communication (même s'ils restent nombreux) mais n'améliore pas ses résultats. Nous pensons que cela provient de la structure de notre mémoire, comme nous l'expliquons ci-après.

### 4.2.5 Conclusion et limites

Si les premiers résultats que nous avons obtenus pour l'apprentissage automatique d'actes de communication semblent encourageants, les travaux de thèse de Shirley Hoet sont toujours en cours et de nombreuses difficultés demeurent pour un passage à l'échelle vers des SMA plus complexes.

Une première difficulté que nous avons pu identifier provient de notre mécanisme de génération des messages *query*. En effet, l'agent ne peut interroger ses pairs que sur les variables publiques intervenant dans des préconditions de leurs réactions. Rien ne garantit que l'ensemble des variables pertinentes pour l'apprentissage soit présents dans ces préconditions. Par exemple, une variable modifiée uniquement dans l'effet d'une réaction et utilisée en précondition et en effet d'actions internes à l'agent ne sera jamais « détectée » par notre algorithme, alors qu'elle correspond clairement à un état caché du système. Pour résoudre ce problème, nous étudions actuellement une solu-

69

tion fondé sur un performatif *what-query* (similaire au *what-can* pour les événements) qui permettrait d'interroger un agent sur ses variables.

La deuxième difficulté est que l'ensemble des variables d'un système et l'ensemble des événements possibles peut être très grand et que la plupart de ces variables et des réactions associées aux événements peuvent être totalement non-pertinentes pour le problème que l'agent apprenant doit résoudre. Notre prochain objectif est alors de définir des heuristiques permettant de déterminer les variables et les événements pertinents, afin de réduire l'espace d'état lors de l'apprentissage.

Une troisième difficulté provient de l'approche adoptée pour la mémorisation des observations et des actions. En effet, il nous est apparu lors de nos expériences que l'information importante était plus de la forme « j'ai fait telle action ou observé telle valeur il y a $x$ pas de temps » que de la forme « les $k$ dernières choses que j'ai faites et observées sont $x_1,...x_n$ ». Autrement dit, notre structure de mémoire est remplie d'informations inutiles correspondant aux états intermédiaires entre l'instant $x$ pertinent et l'état courant. C'est pourquoi nous réfléchissons à une autre approche, fondée sur les PDM factorisés, pour regrouper les états et masquer les informations non pertinentes.

Enfin, dans l'optique de valider nos résultats, nous envisageons de comparer notre solution à un algorithme d'apprentissage sans communication comme celui de Dutech [30]. En étudiant la convergence de l'algorithme, le coût de la communication et le gain résultant de la politique trouvée, nous voulons démontrer que l'apprentissage d'actes de communication améliore vraiment la qualité du processus d'apprentissage.

## 4.3 Conclusion

Les deux approches que nous avons présentées pour la composition des fonctionnalités dans un SMA ouvert et hétérogène sont complémentaires : alors que la chorégraphie de service permet à l'ensemble du système de s'auto-organiser pour la réalisation d'une tâche, l'apprentissage automatique reste restreint à un cadre mono-agent et rencontre des difficultés liées à la complexité des SMA. Cependant, il permet de définir une politique d'action plus générale, prenant en compte la dynamique du système et ne se limitant pas à la réalisation d'une tâche dans un contexte donné. De plus, les travaux de ces dernières années sur la généralisation en apprentissage laissent penser qu'il est possible d'obtenir des politiques de plus haut-niveau pour gérer des classes de problèmes (plutôt que des instances de problème).

Dans tous les cas, l'étude de la littérature montre que ces problèmes complexes sont encore loin d'être résolus et les propositions que nous avons faites dans ce chapitre ouvrent de nombreuses perspectives de recherches.

# Chapitre 5

# Gestion de l'hétérogénéité sémantique

Nous traitons dans ce chapitre le problème des interactions dans des SMA hétérogènes. Au contraire des travaux présentés au chapitre précédent qui supposent que les agents utilisent un vocabulaire commun, nous proposons ici des mécanismes pour gérer l'hétérogénéité sémantique entre les agents, en nous appuyant sur les capacités d'introspection des agents et sur des protocoles pour la gestion des requêtes hétérogènes. Comme pour l'apprentissage, nous nous limitons ici au cas de la commande (c'est-à-dire des messages *request*). À partir de la liste des capacités d'un agent et en utilisant une mesure de similarité sémantique, l'agent détermine s'il est en mesure de traiter un événement et évalue une stratégie de réponse pour gérer les impossibilités ou les ambiguïtés. Les travaux qui sont présentés ici ont été réalisés dans le cadre de la thèse de Laurent Mazuel [72].

Dans une première section, nous décrivons l'architecture générale de notre système de gestion de l'hétérogénéité sémantique, qui a la propriété intéressante de pouvoir être utilisable aussi bien pour l'interaction agent-agent que pour le traitement des commandes de l'utilisateur. Dans la deuxième section, nous présentons la mesure de similarité sémantique qui est utilisée pour rapprocher les requêtes des capacités de l'agent. Bien qu'elle ait fait l'objet d'une grande partie du travail de la thèse de Laurent Mazuel, nous ne discuterons pas ici en détail du problème de la mesure du degré de relation sémantique (par opposition à la mesure de similarité) et du besoin d'exploiter complètement la structure d'une taxonomie augmentée. Nous présentons ensuite notre algorithme de construction de réponses qui s'appuie sur les ensembles des capacités possibles et impossibles construites par le modèle d'agent présenté au chapitre 3. Nous montrons comment le score sémantique est calculé sur chaque requête et pour chaque capacité et nous présentons le protocole d'interaction qui définit la stratégie de réponse de l'agent et permet de résoudre l'hétérogénéité sémantique. Enfin, nous présentons et nous illustrons sur un exemple le protocole d'interaction qui permet à deux agents de résoudre leur hétérogénéité sémantique.

## 5.1 Architecture générale

Le cœur de notre architecture repose sur le principe des systèmes bottom-up génératif à partir de l'analyse des préconditions, comme nous l'avons présenté section 3.2.2. Lorsqu'il reçoit un message *request*, l'agent construit les ensembles $E(agt)$ et $F(agt)$ de ses capacités possibles et impossibles en fonction du code de l'agent. Chaque capacité est alors comparée à l'événement contenu dans le message *request* en utilisant notre mesure de similarité sémantique. Le système sélectionne les capacités les plus proches et en fonction de valeurs seuils (comme dans les travaux de Maes [69]), construit une réponse selon que l'événement est correctement compris et exécutable ou non. Ce fonctionnement est illustré sur la figure 5.1. Nous présentons dans la suite de ce chapitre la mesure de distance sémantique, le mécanisme de calcul de similarité et le gestionnaire de construction de réponse.

Comme l'illustre la figure 5.1, les entrées et les sorties de notre système sont indépendantes du type d'interaction (humain-agent ou agent-agent). Un module spécifique gère la construction des messages selon la situation.

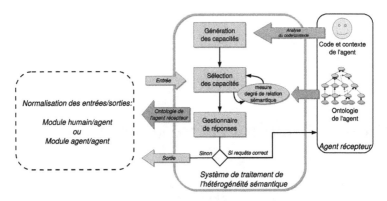

FIGURE 5.1 – Architecture générale de gestion de l'hétérogénéité sémantique

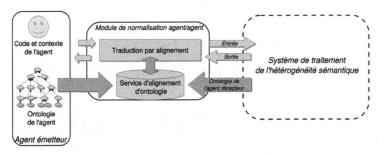

FIGURE 5.2 – Module d'interaction agent-agent

**Interaction agent-agent**

Pour l'interaction agent-agent, le contenu du message reçu par l'agent *rcv* est décrit en utilisant l'ontologie $O_{snd}$ de l'agent émetteur. Il n'est donc évidemment pas traitable directement par l'agent *rcv*. Comme illustré sur la figure 5.2 et à l'instar de Laera et al. [67], nous nous appuyons sur un service d'alignement d'ontologies supposé accessible et directement utilisable par les agents pour traduire le contenu du message, même partiellement, dans l'ontologie $O_{rcv}$. Néanmoins, nous ne ferons pas d'hypothèses sur la qualité de l'alignement fourni par ce service, en admettant donc qu'il puisse être imparfait et/ou incomplet. Une fois la traduction effectuée, l'agent récepteur évalue son degré de compréhension de la requête traduite et répond selon la stratégie définie dans ce chapitre. Enfin, sa réponse est envoyée à l'agent *snd* et, le cas échéant (c'est-à-dire si la réponse contient des événements comme c'est le cas pour les message *clarify* et *suggest*), son contenu est traduit dans l'ontologie $O_{snd}$.

Nous ne présenterons pas en détail le module de traduction d'événements, qui est décrit précisément dans la thèse de Laurent Mazuel [72]. Nous supposerons cependant que l'alignement proposé définit un score pour chaque couple $(c_s, c_r) \in O_{snd} \times O_{rcv}$ et nous noterons $Q(e) \in [0,1]$ la moyenne des scores d'alignement de la traduction d'un événement $e$ (contenu du message *request*). $Q(e) = 1$ correspond à un alignement parfait de tous les termes (ce qui signifie qu'il n'y a pas de problème d'hétérogénéité sémantique). Dans la suite, nous noterons abusivement $e$ l'événement traduit et nous nous placerons systématiquement du point de vue de l'agent récepteur.

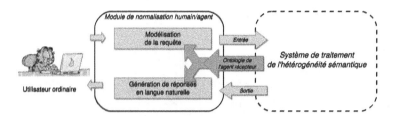

FIGURE 5.3 – Module d'interaction humain-agent

## Interaction humain-agent

Pour l'interaction humain-agent, le problème est relativement différent : les commandes des utilisateurs sont exprimées en langue naturelle et ne sont pas aisément représentables sous la forme d'événements. Réciproquement, les réponses formelles de notre système doivent être traduites en langue naturelle pour être comprises par l'utilisateur. Ce mécanisme est illustré sur la figure 5.3.

L'ensemble de ces opérations de traitement de la langue naturelle a fait l'objet de travaux spécifiques que noue ne pourrons pas présenter dans ce document (faute de place)[1]. Nous pouvons toutefois distinguer deux modules principaux :

– Les outils de modélisation des commandes sous la forme de requêtes.

L'originalité de notre approche est d'exploiter le contenu de l'ontologie pour construire la représentation structurelle logique de la commande, ce qui permet de s'affranchir de la définition de règles dans un langage spécifique, comme cela se fait souvent dans la littérature [31, 116, 110]. Notre chaîne de TALN est composée de l'analyseur morphologique et lexical OpenNLP[2] et d'un analyseur d'actes de langage à base d'automates (un automate étant capable de reconnaître un acte de langage dans la phrase lemmatisée), qui a fait l'objet de travaux de master.

Si l'acte de langage de la phrase de l'utilisateur correspond à une commande[3], chaque terme de la commande est ancré dans l'ontologie de l'agent en utilisant notre mesure de distance sur le thésaurus WordNet [35]. Ensuite, nous construisons la représentation de la commande sous la forme d'un événement en utilisant les données de l'agent pour renseigner les valeurs symboliques des variables détectées. Cela correspond à l'analyse pragmatique de la commande dans le contexte courant de l'agent.

De la même manière que pour l'interaction agent-agent, notre algorithme nous fournit une valeur $Q(e) \in [0,1]$ qui décrit la qualité de la transformation de la commande en événement. $Q(e) = 1$ correspond à une traduction sans aucune perte.

– Le générateur de réponses en langue naturelle.

Ce module, qui résulte de travaux de master, repose sur un ensemble de règles simples en fonction de la sémantique des variables utilisées et des combinaisons de ces variables dans des arbres XML (il dépend donc de l'implémentation du modèle VDL). Un algorithme de comparaison d'arbres syntaxiques permet de générer la plus petite explication possible, pour produire des réponses plus naturelles.

## Architecture générale

L'architecture globale de notre système de gestion de l'hétérogénéité sémantique est décrite sur la figure 5.4. Elle intègre dans la plate-forme d'agent (*AgentsManager*) le module de traitement de la langue naturelle (*NLP Model*) pour la gestion des interactions humain-agent et le service d'alignement d'ontologie (pour les interactions

---

1. Ces travaux sont décrits plus précisément dans la thèse de Laurent Mazuel [72].
2. http://opennlp.sourceforge.net/
3. Si l'acte de langage correspond à une question, nous utilisons un ensemble de règles pour construire des requêtes dans le modèle VDL [107], ce qui sort du cadre de notre étude.

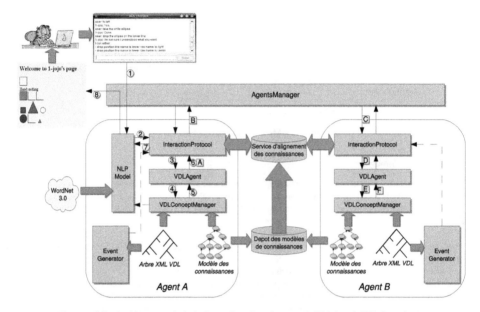

FIGURE 5.4 – Architecture générale du système de traitement de l'hétérogénéité sémantique.

agent-agent). Chaque message reçu d'un autre agent ou de l'utilisateur est systématiquement traitée par la couche d'interaction (*InteractionProtocol*) pour décider s'il s'agit d'une commande ou s'il s'insère dans une conversation existante. L'agent produit l'ensemble de ses capacités (*EventGenerator*) qui, couplées à son modèle de connaissances, vont donner au niveau du *VDLConceptManager* les événements à apparier avec la requête. L'agent VDL décide alors de la faisabilité de l'événement et détermine la réponse adéquate.

La section suivante présente la mesure de similarité dans une ontologie, qui est utilisée aussi bien dans le moteur de gestion de l'hétérogénéité sémantique (*VDLConceptManager*) pour évaluer la distance entre la requête reçue et les capacités de l'agent que dans le module d'interprétation des commandes en langue naturelle (*NLP Model*) pour déterminer les concepts de l'agent les plus proches de ceux de la commande. La section 5.3 décrit le moteur d'interprétation des requêtes et de construction de réponses.

## 5.2  Mesure de similarité dans l'ontologie

Une composante essentielle de notre algorithme de gestion de l'hétérogénéité sémantique est la mesure de la distance entre deux concepts d'une ontologie. Nous présentons brièvement dans cette section notre mesure de distance qui reprend l'idée développée dans le cadre des mesures de similarité sémantique fondés sur la théorie de l'information qui proposent que deux arêtes hiérarchiques ne représentent pas la même quantité d'information. Nous avons étendu cette proposition aux arêtes non-hiérarchiques. [4]

Nous présenterons d'abord comment nous calculons le poids d'un chemin de type unique puis nous expliquerons comment calculer le poids d'un chemin de type multiple, avant de présenter notre mesure de degré de relation

---

4. Une évaluation préliminaire de notre système dans le cadre de l'interaction humain-agent a en effet montré des besoins d'interprétation sémantique des commandes qui ne pouvaient être résolus que par les mesures de degré de relation sémantique. C'est ce qui nous a conduit à proposer cette mesure.

74

sémantique.

## 5.2.1 Chemin de type unique

Nous appelons chemin dans l'ontologie un ensemble d'arêtes $path(c,c')$ reliant deux concepts $c$ et $c'$, c'est-à-dire de la forme :

$$path(c,c') = \left\{ (c_0 = c, r_0, c_1), (c_1, r_1, c_2), ..., (c_n, r_n, c') \right\}$$

et nous notons $|path(c,c')|$ la longueur du chemin (ici, $n+1$).

Nous appelons chemin de type unique (CTU) un chemin dont toutes les arêtes de ce chemin sont associées à la même relation $r : \forall i \in [0,n], r_i = r$. Nous disons alors que $r$ est le type du chemin. Pour calculer le poids $W(path_r(c,c'))$ d'un CTU de type $r$ entre $c$ et $c'$, nous différencions deux cas : soit le type du chemin est hiérarchique ($r$ représente la relation $typeof$ ou son inverse $includes$), soit il ne l'est pas. Les deux sous-sections suivantes décrivent le calcul du poids en fonction de ces deux situations.

### 5.2.1.1 Chemin hiérarchique

La valeur sémantique d'un chemin hiérarchique est un des points les plus étudiés dans la littérature sur les mesures sémantiques. Les meilleures mesures à l'heure actuelle sont les mesures de Lin [68] et de Jiang & Conrath [59]. Nous avons donc décidé de reprendre la formule de Jiang & Conrath, fondée sur le calcul d'un chemin dans un graphe, puis sur le calcul de la valeur sémantique de ce chemin (à l'inverse de la mesure de Lin qui n'utilise pas la structure en graphe) car nous pensons que pour tenir compte des liens hétérogènes entre les concepts il faut choisir une formule basée sur les chemins pouvant emprunter ces liens.

La mesure de Jiang & Conrath peut être synthétisée de la façon suivante :

$$dist_{JC}(c,c') = \sum_{(x,r,y)\in sp(c,c')} w(x,y) \times p(r)$$

où $sp(c,c')$ représente le plus court chemin entre $c$ et $c'$, $w(x,y)$ représente le poids associé à l'arête reliant $x$ et $y$ dans ce chemin et $p(r)$ le poids associé au type de l'arête. En pratique, dans un chemin de type unique, tous les $p(r)$ prendront la même valeur et, dans le cas des relations hiérarchiques, celle valeur sera $p(typeof) = p(includes) = 1$ (par soucis de normalisation de la formule définie initialement dans le cas hiérarchique). De plus, dans le cas d'un CTU hiérarchique, $w(x,y)$ est défini par la différence de quantité d'information entre les deux concepts :

$$w(x,y) = |IC(x) - IC(y)|$$

Par conséquent, le poids d'un CTU hiérarchique dans une ontologie est :

$$W(path_h(c,c')) = |IC(c) - IC(c')|$$

### 5.2.1.2 Chemin non-hiérarchique

Si le type de la relation $r$ du CTU n'est pas hiérarchique, nous ne pouvons pas utiliser la quantité d'information IC propre à chaque nœud car cette formule est calculée suivant la structure hiérarchique de la taxonomie et ne tient pas compte des autres relations existant entre les concepts. Notre proposition de mesure du poids d'un tel CTU repose sur les idées suivantes :

1. Chaque type de relation est associé à un poids $p(r)$ représentant le coût sémantique de cette relation. L'idée de ce poids est de considérer que certaines relations apportent moins d'informations et donc leur coût sémantique doit être plus grand. Du point de vue pratique, ce coût sémantique peut être vu comme le coût maximal d'un CTU.

2. La valeur du coût sémantique étant déterminée par le poids de la relation et la longueur du chemin, elle doit respecter les contraintes suivantes :

(a) Elle doit croître avec la longueur du chemin;

(b) Elle doit être bornée de manière à ce qu'un chemin de longueur infinie corresponde bien au poids $p(r)$;

(c) Elle doit être construite de telle manière que la différence de coût sémantique entre deux longueurs successives (i.e. entre un chemin de longueur $l$ et un chemin de longueur $l+1$) diminue au fur et à mesure que la longueur augmente.

Pour respecter ces hypothèses, nous proposons la formule suivante basée sur la fonction à forme logarithmique $n/n+1$:

$$W(path_r(c,c')) = p(r) \times \frac{|path_r(c,c')|}{|path_r(c,c')|+1}$$

### 5.2.2 Chemin de type multiple

Considérons maintenant un chemin quelconque entre deux concepts $c$ et $c'$ dans une ontologie. Nous dirons que ce chemin est un chemin de type multiple (CTM) car il peut contenir plusieurs types de relations différents. Ce chemin peut être décomposé en une liste ordonnée $n$ de CTU telle que :

$$path(c,c') = path(c,c_1) \oplus path(c_1,c_2) \oplus \ldots \oplus path(c_{n-1},c')$$

Néanmoins, il existe généralement plusieurs décompositions possibles pour un chemin donné. Nous définissons la décomposition minimale $T_{min}(path(c,c'))$ comme la décomposition qui minimise le nombre $n$ de changement de type, en tenant compte de la transitivité éventuelle de chaque relation (une relation non-transitive ne peut pas accepter de CTU de longueur supérieure à 1). Nous proposons finalement comme coût sémantique pour un CTM de considérer la somme des poids des CTU composant la décomposition minimale :

$$W(path(c,c')) = \sum_{p \in T_{min}(path(c,c'))} W(p)$$

Soulignons que cette définition d'un poids pour un CTM est cohérente avec la distance de Jiang & Conrath. En effet, dans le cas d'un CTM hiérarchique entre deux concepts $c$ et $c'$, il y a deux types de relations uniquement : la relation montante $typeof$ entre $c$ et le plus petit parent commun à $c$ et $c'$ ($ccp$) puis la relation descendante $includes = typeof^{-1}$, entre $cpp$ et $c'$. Le calcul du poids chemin donne :

$$
\begin{aligned}
W(path(c,c')) &= W(path_{typeof}(c,cpp) + W(path_{includes}(cpp,c')) \\
&= |IC(c) - IC(cpp)| + |IC(cpp) - IC(c')| \\
&= IC(c) + IC(c') - 2IC(cpp)
\end{aligned}
$$

ce qui correspond à la formule proposée par Jiang & Conrath.

### 5.2.3 Mesure de distance sémantique

Pour une ontologie donnée, il existe un grand nombre de chemins possibles entre deux concepts donnés mais tous ne sont pas sémantiquement pertinents, comme l'ont montré plusieurs chercheurs [53, 1]. Dans nos travaux, pour calculer les chemins corrects sémantiquement, nous avons décidé d'utiliser la définition de Hirst et Saint-Onge [53]. Ces patrons de chemin ont été validés et sont récurrents dans de nombreux travaux, ce qui amène à penser qu'ils sont une bonne approximation de la notion de chemin sémantiquement correct.

Soient deux concepts $c$ et $c'$. Nous noterons $\pi(c,c')$ l'ensemble des chemins élémentaires (i.e. ne contenant pas de circuit) entre ces deux concepts. Nous noterons $hso : \pi(c,c') \longrightarrow \mathbb{B}$ la fonction booléenne permettant de décider (selon les patrons de Hirst & St-Onge) si un chemin est sémantiquement correct ou non. Notre mesure de distance correspond alors au poids minimal parmi tous les chemins sémantiquement corrects entre les concepts $c$ et $c'$ :

$$dist(c,c') = \min_{\{p \in \pi(c,c') | hso(p) = vrai\}} W(p)$$

Nous pouvons remarquer que le chemin hiérarchique entre deux concepts (correspondant à un calcul de similarité sémantique) est toujours un chemin sémantiquement correct. Notre distance considérera donc toujours les chemins relationnels proportionnellement au chemin hiérarchique. De ce point de vue, nous respectons la définition du degré de relation sémantique de Resnik [103] qui dit qu'une mesure de degré de relation sémantique est une généralisation d'une mesure de similarité sémantique. De même, comme nous l'avons démontré à la section précédente, nous évaluons un chemin hiérarchique de manière cohérente avec le calcul de Jiang & Conrath. Ainsi, nous pouvons conclure que notre formule est une proposition de généralisation relationnelle de la formule de Jiang & Conrath.

Cette propriété a des conséquences directes sur la valeur finale de notre formule. En effet, le résultat de Jiang & Conrath faisant toujours partie de l'ensemble des valeurs considérées pour obtenir notre distance, nous avons la propriété suivante :

$$\forall(c,c') \in C, dist(c,c') \leq dist_{JC}(c,c')$$

Ainsi, notre mesure est bornée et peut, si nécessaire, être convertie en mesure de degré de relation sémantique :

$$rel(c,c') = 2 IC_{max} - dist(c,c')$$

avec $IC_{max}$ la quantité maximum d'information d'un concept dans l'ontologie.

Il est important de souligner que les travaux de thèse de Laurent Mazuel ont été parmi les premiers à proposer une mesure de distance sémantique dans les ontologies qui prenne en compte à la fois la mesure de la similarité (c'est-à-dire les liens hiérarchiques de l'ontologie), mais aussi les autres liens sémantiques définis dans les ontologies, là où les travaux se limitent généralement à des mesures de similarité (par exemple pour les services d'alignement d'ontologies). Cette mesure de degré de relation sémantique permet par exemple de rapprocher « essence » de « voiture », alors que les deux concepts sont sémantiquement très dissimilaires. L'utilisation de ce type de mesure s'est révélé nécessaire lors de nos évaluations avec des utilisateurs humains, qui utilisent volontiers des concepts assez éloignés pour désigner des objets du système (ex : « le truc avec une boule rouge » pour désigner « la poignée » ; ce type de requête ne peut être résolu sans prendre en compte les liens *part-of* de l'ontologie de l'agent).

## 5.3  Interprétation de la commande et construction d'une réponse

Notre système de gestion de l'hétérogénéité sémantique a pour objectif de déterminer quelle réponse est la mieux adaptée pour un événement donné, afin de permettre aux agents *snd* et *rcv* de converger vers une requête compatible avec les deux ontologies des agents $O_{snd}$ et $O_{rcv}$. Pour cela, notre système s'appuie sur :

– L'événement $e$ traduit suivant $O_{rcv}$ et la qualité de cette traduction $Q(e)$ ;
– Les ensembles d'événements possibles ($E(rcv)$) et impossibles ($F(rcv)$) construits section 3.2.2 ;
– La mesure de distance présentée section précédente.

La première étape est de calculer le score d'appariement entre l'événement et chaque capacité de l'agent. Ce calcul est décrit dans la prochaine section. La deuxième étape consiste à construire une réponse en fonction des scores d'appariement. Nous présentons cette opération dans la section 5.3.2.

### 5.3.1  Calcul du score d'appariement

Si on considère un événement $e(x_1(val_1),...,x_n(val_n))$, chaque $x_i$ et chaque $val_i$ symbolique (c'est-à-dire telle que $val_i \notin \mathbb{B} \cup \mathbb{R}$) correspond à un concept de l'ontologie (nous dirons abusivement que $x_i \in O_{rcv}$ et $val_i \in O$). Nous noterons $C_e$ l'ensemble de ces concepts. Un événement peut alors être vu comme un ensemble (structuré) de concepts de l'ontologie et, par conséquent, calculer l'appariement entre une requête et une capacité (toutes les deux modélisées par des événements) revient à calculer un appariement entre deux nuages de concepts de l'ontologie.

Il est important de noter que le lien entre un attribut $x_i$ et sa valeur $val_i$ ne correspond pas nécessairement à une relation d'instanciation ou à une relation de subsomption dans l'ontologie. Rien n'interdit d'avoir un événement de la forme *ferrari(rouge)* sans que cela implique une relation d'héritage entre ces deux concepts. Comme toute opération de modélisation (et en particulier lors du traitement automatique de la langue naturelle pour l'interprétation des commandes de l'utilisateur), il est possible de perdre de l'information pendant le processus.

#### 5.3.1.1 Calcul du score d'appariement

Pour calculer le score d'appariement, nous devons tenir compte :

1. Des approximations introduites pendant la modélisation de la requête. Nous utiliserons pour cela le résultat de la valeur $Q(e)$ définie section 5.1.

2. Des distances sémantiques entre chaque concept de la capacité et un concept du modèle de la requête. Pour cela nous utiliserons une mesure sémantique sur l'ontologie de l'agent $rel : O_{rcv} \times O_{rcv} \longrightarrow \mathbb{R}$, définie dans la section précédente.

Le score d'appariement entre deux événements $e_{req}$ et $e_{cap}$ s'appuie alors sur un calcul d'appariement entre les deux nuages de concepts $C_{req}$ et $C_{cap}$. Notre algorithme d'appariement est asymétrique : une capacité peut être plus large qu'une requête, le contraire n'étant pas vrai. En effet, si tous les concepts de la requête sont présents dans la capacité, alors nous pouvons considérer que cette requête adresse bien cette capacité (mais les paramètres manquants peuvent être source d'ambiguïté). Au contraire, si la requête contient plus de concepts que la capacité, nous ne pouvons pas décider que les informations complémentaires de la requête sont inutiles.

#### Algorithme d'appariement entre nuages de concepts

Pour apparier $C_{req}$ et $C_{cap}$, nous considérons l'ensemble de toutes les permutations possibles d'appariement deux-à-deux entre un concept de $C_{req}$ et un concept de $C_{cap}$. Par exemple, si $C_{req} = \{a,b\}$ et $C_{cap} = \{c,d\}$, nous considérerons les ensembles de couples $\{(a,c),(b,d)\}$ et $\{(a,d),(b,c)\}$.

Nous noterons $\Pi : \mathcal{P}(O_{rcv}) \times \mathcal{P}(O_{rcv}) \longrightarrow \mathcal{P}(C_{req} \times C_{cap})$ la fonction qui renvoie l'ensemble des permutations des couples d'appariement entre deux ensembles de concepts. Ainsi, $\Pi(C_{req}, C_{cap}) = \{S_1,...,S_k\}$ est un ensemble de $k$ ensembles de couples $S_i$. Chaque $S_i$ est une permutation possible des appariements deux-à-deux des concepts. Il est composé de $m$ couples $(c_r, c_c)$.

À chaque couple $(c_r, c_c)$ correspond une valeur de degré de relation sémantique suivant notre mesure $rel$. La valeur de l'appariement correspondant à la permutation $S_i$ est alors la moyenne des $rel(c_r, c_c)$ de cet ensemble. Le score d'appariement entre $C_{req}$ et $C_{cap}$ est ensuite défini comme le maximum de ces valeurs, pondéré par la qualité sémantique de la requête :

$$app(e_{req}, e_{cap}) = Q(e_{req}) \times \frac{\max_{S \in \Pi(C_{req}, C_{cap})} \left( \sum_{(c_r,c_c) \in S} rel(c_r, c_c) \right)}{|C_{req}|}$$

#### Utilisation de la structure des événements

Il est possible d'utiliser la structure des événements pour filtrer l'ensemble des permutations $\Pi(e_{req}, e_{cap})$ et réduire ainsi les appariements possibles. En effet, si $c_1$ est un concept associé à un attribut et $c_2$ le concept associé à sa valeur dans la requête $e_{req}$, alors une permutation $S = \{(c_1, c'_1),(c_2, c'_2),...\}$ est sémantiquement acceptable seulement si $c'_2$ correspond à la valeur de $c'_1$ dans la capacité $e_{cap}$.

#### 5.3.1.2 Sélection des capacités candidates

À partir de l'ensemble $E(rcv)$ des capacités d'un agent à l'instant courant, construit section 3.2.2, nous construisons le sous-ensemble $E_{req}(rcv)$ des capacités subsumées par la requête $e_{req}$ (cf. section 3.3.2.4) et maximisant le score d'appariement.

Soit $p_E = \max_{e_{cap} \in E(rcv)} \{app(e_{req}, e_{cap})\}$ le maximum du score d'appariement. Alors :

$$E_{req}(rcv) = \{e_{cap} \in E(rcv) | (p_E - app(e_{req}, e_{cap})) < \varepsilon\}$$

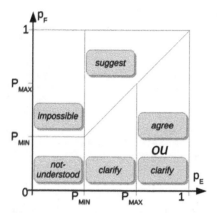

FIGURE 5.5 – Représentation schématique du choix du performatif pour la réponse selon la situation.

avec $\varepsilon$ petit. $E_{req}(rcv)$ contient l'ensemble des capacités « les plus proches sémantiquement » de la requête $e_{req}$ et $p_E$ est le score de cet appariement (à $\varepsilon$ près).

De la même manière, nous construisons $p_F = \max_{e_{cap} \in F(rcv)} \{app(e_{req}, e_{cap})\}$ le maximum d'appariement pour les capacités actuellement impossibles et :

$$F_{req}(rcv) = \{e_{cap} \in F(rcv) \mid (p_F - app(e_{req}, e_{cap})) < \varepsilon\}$$

l'ensemble des capacités impossibles les plus proches sématiquement de la requête. La réponse de l'agent est alors construite en fonction de $E_{req}(rcv)$, $F_{req}(rcv)$ et de leurs scores d'appariement.

### 5.3.2 Stratégie du gestionnaire des réponses et performatifs

La décision du choix du performatif à utiliser en réponse à une requête est fondée sur l'approche proposée par Maes [69] qui s'appuie sur deux seuils (*tell me* et *do it*) définis dans l'intervalle $[0; 1]$. Nous notons $p_{min}$ la valeur minimale pour qu'une requête puisse être considérée comme « probablement comprise comme une capacité » (*i.e.* il reste un doute et une confirmation de l'utilisateur est requise). Le seuil $p_{max}$ est la limite au delà de laquelle la requête est considérée comme étant comprise avec certitude.

La réponse donnée par notre système dépend de la position de $p_E$ et $p_F$ par rapport à $p_{min}$ et $p_{max}$. Nous différencions cinq stratégies de réponses différentes pour l'agent, correspondant chacune à un performatif :

1. $p_E \geq p_{max}$, $p_F \leq p_E$ et $|E_{req}(rcv)| = 1$, la requête est considérée comme correctement comprise par l'agent et non ambiguë. Nous utiliserons alors un performatif *agree* à travers un message $< rcv, agree(snd, e_0) >$ où $e_0$ est l'unique élément de $E_{req}(rcv)$.

2. Si $p_F \leq p_E$ et que :

    (a) soit $p_E \geq p_{max}$ mais $|E_{req}(rcv)| > 1$,

    (b) soit $p_{min} < p_E < p_{max}$,

    cela signifie que l'agent n'est pas sûr d'avoir correctement compris la requête ou que ce qu'il a comprise est ambigu. Dans les deux cas, nous utiliserons un message $< rcv, clarify(snd, E_{req}(rcv)) >$ indiquant l'ensemble des capacités jugées acceptables par l'agent, pour demander une désambiguïsation.

3. Si $p_{min} < p_E < p_F$, l'agent récepteur pense que la commande qu'il a compris est impossible mais il existe d'autres interprétations, plausibles ($p_E > p_{min}$), qui seraient possibles. Il répondra donc par un message $< rcv, impossible(snd, e_{req}, NP) >$ où $NP = \bigcap_{e \in F_{req}(rcv)} np(e)$ est l'ensemble des préconditions qui échouent pour chaque capacité correspondant à la requête. Dans le cas général, $NP \neq \emptyset$ car les capacités sémantiquement proches de la requête font échouer les mêmes préconditions. Cependant, il peut arriver que $NP = \emptyset$, par exemple si les capacités concernées échouent uniquement à cause de préconditions de structures (c'est-à-dire portant uniquement sur les paramètres des événements). Dans ce cas, l'agent $snd$ ne pourra pas déterminer les causes de l'échec, mais il sera au moins informé de l'impossibilité de traiter sa requête.

4. Si $p_E < p_{min} < p_F$, cela signifie que l'agent pense avoir compris la requête (néanmoins, il n'en est pas certain) et que ce qu'il a compris n'est pas possible dans l'état courant. Il va donc répondre par un message $< rcv, suggest(snd, E_{req}(rcv)) >$ pour indiquer à l'agent émetteur l'ensemble des événements qu'il pourrait traiter (ce qui indique aussi que l'événement émis initialement est impossible, comme nous l'avons expliqué section 3.3.2.4).

5. Si $p_E \leq p_{min}$ et $p_F \leq p_{min}$, l'agent récepteur n'a pas été capable d'interpréter correctement la requête et répondra par un message : $< rcv, \text{not-understood}(snd, \emptyset) >$.

La figure 5.5 illustre graphiquement la répartition des différentes stratégies en fonction des valeurs du couple $(p_E, p_F)$.

### 5.3.3 Protocole de gestion de l'hétérogénéité sémantique

L'ensemble du mécanisme de gestion de l'hétérogénéité sémantique entre deux agents est assuré par un protocole qui définit comment l'agent $snd$ doit réagir lorsqu'il reçoit une réponse (autre que $agree$) de la part de l'agent $rcv$ à qui il lui avait envoyé sa requête. Ce protocole est présenté sur la figure 5.6. [5]

En pratique, la première partie du protocole est simple : lorsque $snd$ reçoit un message $agree$ ou $not\text{-}understood$, il n'y a rien à faire. S'il reçoit un message $impossible$, nous sommes typiquement dans le cas de la composition de service présenté au chapitre précédent. La gestion de l'hétérogénéité sémantique se situe dans la dernière partie du protocole, lorsque l'agent reçoit un message $clarify$ ou $suggest$.

Un message $clarify$ signifie que la requête correspond a trop de capacités pour l'agent $rcv$ ou que l'interprétation a besoin d'être confirmée par $snd$. Le contenu du message $clarify$ est l'ensemble $E_{req}(rcv)$ (après traduction dans l'ontologie $O_{snd}$ par le service d'alignement). L'agent va donc chercher dans cet ensemble les capacités qu'il juge le plus proche de sa requête (formulée dans sa propre ontologie). Ainsi, il refait le travail d'appariement présenté section 5.3.1 pour réduire l'ensemble des possibles.

De même, s'il reçoit un message $suggest$, cela signifie que l'agent $rcv$ lui demande de choisir la meilleure capacité parmi un ensemble de possibles. Il va donc les apparier avec sa requête initiale et choisir la meilleure. Nous notons $p_C = \max_{e \in E_{req}(rcv)} \{ app(e_{req}, e) \}$ le maximum du score d'appariement et nous notons :

$$C = \{ e \in E_{req}(rcv) | (p_C - app(e_{req}, e)) < \varepsilon \}$$

l'ensemble des « meilleures capacités » (à $\varepsilon$ près). Trois situations sont alors possibles :

- Soit $|C| = 1$, c'est-à-dire que $snd$ a été capable d'identifier l'unique capacité $c$ correspondant a sa requête. Il répondra par un message $< snd, request(rcv, c) >$ ;
- Soit $|C| = |E_{req}(rcv)|$, c'est-à-dire que $snd$ n'a pas été capable de réduire l'ensemble des possibles. La conversation est un échec, ce qui est indiqué par un message $< snd, error(rcv, \emptyset) >$ ;
- Soit $1 < |C| < |E_{req}(rcv)|$, c'est-à-dire que l'ensemble des possibles a été restreint mais pas encore suffisamment. Dans ce cas, l'agent va devoir chercher à reformuler sa requête. Cette reformulation dépend de l'agent et de sa programmation et ne sera pas présentée ici. Le suivi de la conversation à travers le champ $conversationID$ des messages permet alors de converger par réductions successives de l'ensemble C.

---

5. Dans le cas de l'interaction humain-agent, c'est évidemment l'utilisateur humain qui décide comment réagir aux réponses de l'agent. Le protocole décrit ici ne s'applique donc que dans le cadre agent-agent.

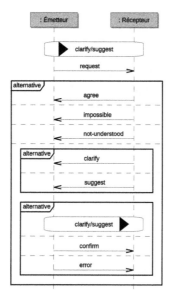

FIGURE 5.6 – Protocole d'interaction pour la gestion de l'hétérogénéité sémantique, décrit en AUML 2.1. Sur ce schéma extrait de la thèse de Laurent Mazuel, le performatif *confirm* correspond à un cas particulier de *request*.

L'algorithme de reformulation doit vérifier que le protocole ne boucle pas (par exemple en renvoyant les mêmes messages qui conduisent aux mêmes demandes de clarification).

## 5.4 Exemple

Cette section présente un exemple simple d'application de la stratégie de communication précédemment décrite. Supposons deux agents *A* et *B* dans un monde de cubes [128] possédant chacun leur propre ontologie, de telle sorte que l'ontologie $O_A$ possède une description des tailles possibles pour les objets (*small*, *medium*, *etc*), une représentation des couleurs (*red*, *yellow*, *etc*) mais une représentation incomplète des formes sous deux types de classes uniquement (*circle* et *polygon*) alors que l'ontologie $O_B$ possède une description des tailles et des formes, mais pas de représentation des couleurs. Nous supposerons aussi que les objets sont placés dans différents emplacements (zone 1, zone 2 et zone 3). Ce problème est illustré sur la figure 5.7.

Avec ce type de modélisation, certains objets désignés explicitement par l'agent *A* dans son contexte (par exemple, le polygone vert) deviennent ambigus pour l'agent *B* et l'alignement entre les deux ontologies ne permet pas de résoudre l'absence de couleurs dans le modèle de *B* (puis qu'il n'existe pas dans $O_B$ de concepts équivalents pour la notion de couleur). Les concepts émis par l'agent *A* correspondant aux couleurs seront alors perdus lors de l'alignement et, si la requête repose sur cette notion pour se discriminer des autres capacités possibles de *B*, elle devient alors ambiguë.

Nous illustrons sur la figure 5.8 un exemple d'une telle interaction qui devrait échouer mais qui est résolue par notre protocole de gestion de l'hétérogénéité sémantique. Au début de l'interaction, l'agent *A* envoie la requête *take(color(red),shape(polygon))*, non ambiguë dans son contexte. Sa traduction par le service d'alignement d'ontologies conduit à l'événement *take(shape(polygon))* qui s'apparie avec plusieurs capacités subsumées

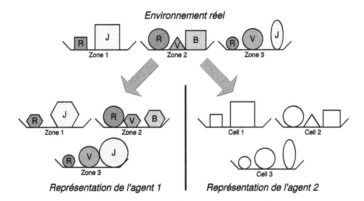

FIGURE 5.7 – Exemple d'hétérogénéité sémantique

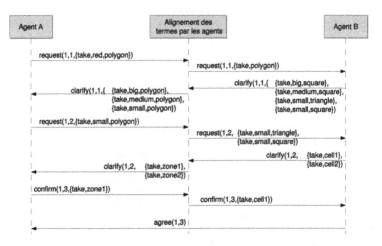

FIGURE 5.8 – Exemple d'interaction selon le protocole de gestion de l'hétérogénéité sémantique.

par l'événement :

$$take(shape(square), size(small))$$
$$take(shape(square), size(medium))$$
$$take(shape(square), size(large))$$
$$take(shape(triangle), size(small))$$

En considérant que les scores d'appariement de ces capacités sont égaux (en pratique, ces scores sont dépendants de la structure de $O_B$), l'agent $B$ renvoie ces quatre possibilités privées de la position dans un message *clarify* à l'agent $A$. Le service d'alignement d'ontologie perdant à nouveau l'information de forme, l'agent $A$ doit choisir parmi trois événements candidats. C'est l'événement $take(shape(polygon), size(small))$ qui correspond à la requête de l'agent mais elle est encore ambiguë et le protocole doit s'itérer une fois de plus pour converger sur la solution :

$$take(shape(polygon), size(small), position(zone_1))$$

Dans cet exemple, les agents ne communiquent pas systématiquement toutes les informations en leur possession pour décrire un objet. Cette situation semble naturelle, puisqu'il n'est pas efficace qu'un agent envoie systématiquement l'intégralité de ses connaissances sur un objet si certaines informations peuvent suffire à le décrire. D'autres approches choisissent la méthode contraire, pour réduire le nombre de messages, au risque d'introduire des problèmes d'interprétation sémantique plus difficiles à traiter pour le service d'alignement.

## 5.5  Conclusion

Les propositions de la littérature autour du problème de la gestion de l'hétérogénéité sémantique entre deux entités sont toujours dépendantes du type d'interaction mis en jeux (agent-agent ou humain-agent). Dans le cadre humain-agent, les solutions étudient les méthodes d'approximations sémantiques et de mesure sémantique, pour modéliser le plus de vocabulaire possible exprimé par un utilisateur humain. Dans le cadre agent-agent, la majeure partie des travaux proposent de calculer un alignement des bases de connaissances des agents (que cet alignement soit calculé par protocole d'interaction, négociation sémantique, ou autres), cet alignement suffisant alors à résoudre le problème. Or, il n'y a pas de travaux qui ont envisagé une approche combinée permettant d'utiliser les mesures sémantiques des bases de connaissances et en même temps un protocole d'interaction résistant aux alignements imparfaits.

Nous avons présenté dans ce chapitre un mécanisme de gestion de l'hétérogénéité sémantique fondé sur un protocole d'interaction multi-agent pour gérer le problème des alignements imparfaits. Notre système s'appuie fortement sur la capacité d'introspection des agents puisque c'est en comparant les capacités possibles et impossibles d'un agent (suivant une approche bottom-up générative) et les requêtes envoyées qu'il est capable de choisir une réponse adaptée en fonction de la situation.

Ces travaux, réalisés dans le cadre de la thèse de Laurent Mazuel [72], ont été intégralement implantés dans la plate-forme VDL et les propositions ont été validés sur des expérimentations dans un cadre humain-agent et dans un cadre agent-agent. Pour des raisons de place, nous n'avons pas présenté ces évaluations, ni toute la mécanique sous-jacente à l'implémentation des algorithmes d'alignement et de gestion de l'hétérogénéité sémantique.

La principale perspective de ces travaux se situe dans l'interprétation des commandes nécessitant l'exécution de plusieurs capacités en séquence. Une même requête peut en effet correspondre à plusieurs capacités, comme c'est le cas dans les travaux sur la chorégraphie de services que nous avons présentés section 4.1. Il faut alors pouvoir décomposer la requête en fonction des capacités de l'agent pour pouvoir résoudre les problèmes d'hétérogénéité sémantique. Dans ce cas, l'approche bottom-up générative n'est plus applicable puisque les actions possibles dépendent des actions précédentes (et il n'est pas possible de générer l'intégralité des états possibles et des capacités associées pour un agent à partir de l'état courant). Ainsi, il semble que pour étendre notre approche et considérer plus de requêtes possibles, il faille utiliser une approche mixte combinant une approche directe top-down de modélisation d'un état du monde et une approche d'appariement bottom-up.

# Conclusion

CHAQUE DÉCISION EST COMME UN MEURTRE, ET NOUS
MARCHONS SUR LES CADAVRES MORTS-NÉS DES MOI
POSSIBLES QUI NE SERONT JAMAIS.

RENÉ DUBOS, « LOUIS PASTEUR »

Dans la continuité des recherches que je mène depuis près de 10 ans, les travaux que j'ai présentés ici s'attachent à mettre en œuvre des mécanismes de raisonnement symbolique dans les agents pour améliorer leurs capacités d'interaction entre eux ou avec les utilisateurs humains. L'étude de la littérature montre que la prise en compte de la distribution, de l'ouverture, de l'asynchronisme et de l'hétérogénéité dans les SMA soulève de nombreuses problématiques. Mais parce que ces hypothèses sont particulièrement prégnantes dans les domaines applicatifs auxquels les SMA sont confrontés, il devient indispensable de les résoudre pour permettre la définition d'outils génériques de conception de systèmes dits « intelligents ». C'est pourquoi nous nous sommes intéressés ici à l'étude des interactions au sein des SMA ouverts, faiblement couplés et hétérogènes.

Une composante importante de notre réflexion est que les agents ne peuvent pas se coordonner s'ils ne disposent pas d'information sur les capacités des autres agents et qu'il leur faut donc ou bien acquérir explicitement ces informations, ou bien définir des algorithmes qui les utilisent de manière implicite. C'est ce qui nous a conduit à définir le modèle d'agents introspectifs VDL dont nous avons présenté un sous-ensemble ici. Dans ce modèle, les agents sont capables de raisonner sur leurs données et leurs actions en cours d'exécution. Ils utilisent cette capacité au niveau de la couche d'interaction pour interpréter les requêtes de leurs pairs et composer leurs fonctionnalités.

Nous avons présenté ici quelques éléments de solution pour la prise en compte des contraintes liées à l'ouverture et à l'hétérogénéité des SMA. Pour permettre aux agents de composer leurs fonctionnalités (et donc de se coordonner), nous avons proposé une approche fondée sur la chorégraphie dynamique de services puis une approche à base d'apprentissage par renforcement d'actes de communication. Pour traiter le problème des alignements imparfaits entre agents sémantiquement hétérogènes, nous avons proposé une approche fondée sur une mesure de distance sémantique dans les ontologies. Ces trois approches exploitent les capacités d'introspection de nos agents et s'appuient sur un ensemble de protocoles d'interaction et de performatifs spécifiques qui permettent de représenter des questions sur le fonctionnement. Elles ont été implémentées dans la plate-forme d'agents VDL que nous développons et elles ont été validées sur des exemples concrets.

Le premier point d'articulation entre ces trois propositions réside dans la détection des situations d'hétérogénéité sémantique. En effet, lorsque deux agents interagissent pour résoudre un problème local, ils sont régulièrement confrontés à des messages impossibles à interpréter et ils doivent choisir entre deux approches : l'approche « composition » qui consiste à transmettre tout ce que l'on ne comprend pas aux autres agents et l'approche « hétérogénéité » qui consiste à chercher une traduction locale des messages à partir de son modèle de connaissances. Pour arriver à une approche hybride, il faudra déterminer des heuristiques qui permettent de détecter les concepts ambigus et de les différencier de ceux nécessitant de la composition.

Le deuxième point d'articulation concerne le fonctionnement cognitif des agents. Dans la section 4.1 comme dans le chapitre 5, nous avons supposé que l'agent émetteur avait déjà une idée de qui était possible pour son interlocuteur. C'est la remise en cause de cette hypothèse qui nous a conduit ensuite aux travaux sur l'apprentissage d'interactions présentés section 4.2. Cependant, plusieurs questions restent ouvertes. Comment combiner la gestion de l'hétérogénéité sémantique avec la découverte par apprentissage des capacités des autres agents (par exemple lorsque l'agent doit observer des variables qu'il est incapable de se représenter) ? Réciproquement, est-ce que la compréhension sémantique des événements et des données peut permettre d'améliorer l'apprentissage d'interaction, par exemple pour détecter les capacités et les observations les plus pertinentes pour le problème étudié ?

Une autre perspective qui va dans ce sens nous amène à réfléchir aux interactions avec et par l'environnement dans un contexte ouvert, hétérogène et faiblement couplé. Quelques travaux préliminaires effectués dans le cadre de stages de master nous ont permis de mettre en évidence la difficulté pour un agent de découvrir son environnement. Ce problème est pourtant crucial si l'on pense aux applications des SMA dans des environnements réels, comme en robotique.

De manière plus générale, mon objectif est de pouvoir définir des agents « intelligents » (au sens de l'IA), c'est-à-dire capables de s'adapter à l'utilisateur et aux différentes situations d'interaction en s'appuyant sur une représentation sémantique du monde. Une contrainte forte qui sous-tend l'ensemble de mes travaux et qui, je l'espère, a pu apparaître clairement dans les contributions présentées ici, est de définir des modèles aussi génériques que possible : les mécanismes de raisonnement qui font l'intelligence de l'agent doivent se situer dans le modèle VDL et non pas dans les agents eux-mêmes.

Les recherches que j'ai poursuivies ainsi que l'étude des SMA m'ont convaincu que de nombreux problèmes restent ouverts pour la définition de modèles d'agents interactifs dans un contexte réel, c'est-à-dire respectant les contraintes d'ouverture, d'asynchronisme et d'hétérogénéité. À très court terme, mon objectif est de consolider mes travaux dans le domaine de l'apprentissage d'interaction pour définir des solutions aux problèmes posés par la non-observabilité du SMA du point de vue de l'agent et la réduction de l'espace de recherche. Comme je l'ai expliqué en conclusion de la section 4.2, deux problèmes principaux se posent. Premièrement, il est nécessaire de réduire l'espace d'états en factorisant les parties qui peuvent l'être pour mettre en évidence les points saillants dans le comportement. Deuxièmement, il est nécessaire de définir des heuristiques pour explorer les actions les plus pertinentes par rapport au problème posé. En effet, dans un SMA ouvert, les agents auront à faire face à tout un ensemble d'opérations possibles qui ne sont pas pertinentes pour atteindre leur objectif et il leur faudra sélectionner les bons services dans l'ensemble des possibles. Je pense qu'il est envisageable pour cela de s'appuyer à nouveau sur les capacités d'introspection des agents et sur la sémantique opérationnelle des préconditions et des effets des actions décrites dans le code des agents, comme cela a été fait pour la chorégraphie dynamique de services. Autrement dit, je souhaite définir un couplage entre les approches à base de composition de services sémantiques ou de planification distribuée d'une part et les méthodes d'apprentissage multi-agent d'autre part.

À plus long terme, je souhaite dépasser le cadre actuel de la programmation agent qui limite les compétences d'un agent à ce qui a été défini par le programmeur au moment de sa création. En effet, je crois qu'il est possible, en utilisant les modèles de représentation et de raisonnement sur les connaissances en IA symbolique, de permettre à des agents d'apprendre de nouveaux comportements à partir de leurs interactions avec d'autres agents. Par exemple, nous voudrions que les agents construisent de nouveaux outils en combinant leurs données internes avec les compétences de leurs pairs (c'est-à-dire leurs connaissances et leurs actions, caractérisées par leur sémantique opérationnelle). Il ne s'agit plus de composer des services mais d'arriver à définir des méthodes d'*échange de fonctionnalités* entre les agents. Pour aborder cette problématique ambitieuse, il est nécessaire de dépasser les travaux préliminaires que j'ai présentés ici sur la chorégraphie dynamique de service et l'apprentissage d'actes de communication et de définir d'autres modes d'interaction utilisant encore plus les capacités d'introspection des agents. Dans un premier temps, les agents doivent pouvoir comprendre leur environnement, par exemple en s'appuyant sur les modèles de description de services web sémantiques ou les modes d'emplois des artefacts envisagés dans le modèle A&A. À partir de ces connaissances, je souhaite m'appuyer sur des méthodes d'apprentissage par imitation ou de raisonnement à partir de cas pour permettre aux agents d'adapter à leur propre cadre de fonctionnement les modèles d'actions proposés par autrui.

Mon objectif est ainsi de développer de nouveaux modèles d'interaction dans lesquels un agent peut communiquer à propos de données ou d'actions qu'il ne connaît pas, comme cela a été suggéré dans nos travaux sur la gestion des exceptions dans les interactions multi-agents. Je souhaite, à terme, donner à un utilisateur (agent pour commencer, humain à terme) la possibilité de modifier le code de l'agent à travers des commandes de comportement telles que : « lorsque le chocolat sera fondu, éteins la plaque et préviens-moi ».

Enfin, à travers les travaux sur les agents conversationnels que j'ai poursuivis au sein du GDR ACA, et en particulier l'étude des modèles socio-émotionnels pour la conception de personnages non-joueurs crédibles dans les jeux vidéos, j'ai été amené à mesurer l'importance de mécanismes non-rationnels dans la prise de décision des agents et dans la construction de leurs capacités d'interaction. Cela m'a conduit à essayer de repenser la programmation d'agents intelligents pour pouvoir définir différents niveaux de traitement lors de la résolution de problèmes. C'est pourquoi, en parallèle de mon activité principale sur le raisonnement symbolique et les interactions multi-agents, j'essaye de définir de nouveaux cadres algorithmiques pour la résolution de problèmes dans un contexte dynamique, ouvert, hétérogène et, éventuellement, distribué, en m'inspirant des modèles socio-émotionnels. Bien que relativement récents et très prospectifs, ces travaux ont pour objectif, à terme, de proposer de nouveaux modèles de programmation pour l'Intelligence Artificielle.

# Bibliographie

[1] Z. Aleksovski, M. Klein, W. Ten Kate, and F. Van Harmelen. Matching Unstructured Vocabularies using a Background Ontology. *Proceedings of Knowledge Engineering and Knowledge Management (EKAW)*, pages 182–197, 2006.

[2] J.F. Allen, Bradford W. Miller, Eric K. Ringger, and Teresa Sikorski. A robust system for natural spoken dialogue. In *ACL*, pages 62–70, 1996.

[3] A. Andrieux, K. Czajkowski, A. Dan, K. Keahey, H. Ludwig, T. Nakata, J. Pruyne, J. Rofrano, S. Tuecke, and M. Xu. Web Services Agreement Specification (WS-Agreement). Technical report, Globus Alliance, 2004.

[4] K. Aström. Optimal control of markov decision processes with incomplete state estimation. *Journal of Mathematical Analysis and Applications*, 10 :174–205, 1965.

[5] M. Atencia and M. Schorlemmer. A formal model for situated semantic alignment. In *Proc. 6th international joint conference on Autonomous Agents and MultiAgent Systems (AAMAS)*, pages 1270–1277, 2007.

[6] D. Austin, A. Barbir, E. Peters, and S. Ross-Talbot. Web Services Choreography Requirements. Technical report, W3C, 2004.

[7] J.L. Austin. *How to Do Things with Words*. Oxford, 1962.

[8] F. Balbo and S. Pinson. Toward a Multi-agent Modelling Approach for Urban Public Transportation Systems. In A. Omicini, P. Petta, and R. Tolksdorf, editors, *Proc. Engineering Societies in the Agent World (ESAW'01)*, number 2203 in LNAI, pages 160–174. Springer-Verlag, 2001.

[9] A. Barros, M. Dumas, and P. Oaks. A Critical Overview of the Web Services Choreography Description Language (WS-CDL). In *Proc. of the Business Process Trends*, 2005.

[10] J. Barwise and J. Seligman. *Information flow : the logic of distributed systems*. Cambridge University Press, New York, NY, USA, 1997.

[11] R. Bellman. *Dynamic Programming*. Princeton University Press, 1957.

[12] A. Berger. *La communication entre agents de communautés mixtes : Un Langage de Conversation Expressif pour agents artificiels*. PhD thesis, Institut National Politechnique de Grenoble & Université du Quebec à Trois-Rivières, 2006.

[13] A. Berger and S. Pesty. Towards a Conversational Language for Artificial Agents in Mixed Community. In *Proc. 3rd Central and Eastern European Conference on Multi-Agent Systems (CEEMAS)*, pages 31–40, 2005.

[14] P. Bouquet, L. Serafini, and S. Zanobini. Semantic coordination : A new approach and an application. In J. Mylopoulos, D. Fensel, and K. Sycara, editors, *Proc. 2nd International Semantic Web Conference (ISWC)*, volume 2870 of *Lecture Notes in Computer Science*, pages 130–145. Springer Verlag, 2003.

[15] J. Bourdon, P. Beaune, and . Fiorino. Architecture multi-agents pour la composition automatique de web services. In *Proc. atelier Intelligence Artificielle et Web Intelligence de la plate-forme AFIA*, 2007.

[16] S. Bradtke and M. Duff. Reinforcement learning methods for continuous-time markov decision problems. *Advances in Neural Information Processing Systems*, 7 :393–400, 1994.

[17] K. Breitman, Yasmine Charif, Nicolas Sabouret, Markus Endler, Jean-Pierre Briot, and A. El Fallah-Seghrouchni. Ambient Intelligence Applications : Introducing the Campus Framework. In *Proc. 13th IEEE International Conference on Engineering of Complex Computer Systems (ICECCS)*, 2008.

[18] K. Breitman, C. Felicíssimo, and M. Casanova. CATO–A Lightweight Ontology Alignment Tool. *Proc. 17th Conf. on Advanced Information Systems Engineering (CAISE'05)*, 2005.

[19] T. Bylander and B. Chandrasekaran. Generic tasks for knowledge-based reasoning : the right level of abstraction for knowledge acquisition. *International Journal of Man-Machine Studies*, 26(2) :231–243, 1987.

[20] P. Caillou, S. Aknine, and S. Pinson. A Multi-Agent Method for Forming and Dynamic Restructuring of Pareto Optimal Coalitions. In *Proc. 1st International Joint Conference on Autonomous Agents and Multiagent Systems (AAMAS)*, pages 1074–1081, 2002.

[21] A. Cassandra, L. Kaelbling, and M. Littman. Acting optimally in partially observable stochastic domains. In *Proc. 12th AAAI Conference*, volume 2, pages 1023–1028. MIT Press, 1994.

[22] D. Chakraborty and A. Joshi. Dynamic Service Composition : State-of-the-Art and Research Directions. Technical report, University of Maryland, 2001.

[23] Y. Charif. *Chorégraphie dynamique de services basée sur la coordination d'agents introspectifs*. PhD thesis, Université Pierre & Marie Curie, 2007.

[24] Y. Charif and N. Sabouret. A Model of Interactions about Actions for Active and Semantic Web Services. In *Proc. Semantic Web Service workshop at 3rd International Semantic Web Conference (ISWC)*, pages 31–46, 2004.

[25] Y. Charif and N. Sabouret. Coordination in Introspective Multi-Agent Systems. In *Proc. of the International Conference on Intelligent Agent Technology (IAT'07)*, pages 412–415, 2007.

[26] J. Van Diggelen, R. Beun, F. Dignum, R. Van Eijk, and J.-J. Meyer. Combining normal communication with ontology alignment. volume 3859 of *Lecture Notes in Computer Science*, page 181. Springer-Verlag, 2006.

[27] R. Dijkman and M. Dumas. Service-oriented Design : A Multi-viewpoint Approach. *International Journal on Cooperative Information Systems*, 13 :338–378, 2004.

[28] A. Drogoul, J. Ferber, and C. Cambier. Multi-agent simulation as a tool for analysing emergent processes in societies. In N. Gilbert and J. Doran, editors, *Proc. Simulating Societies Symposium : the Computer Simulation of Social Phenomena*, pages 127–142. UCL Press, 1994.

[29] E. Durfee. Distributed Problem Solving and Planning. *Journal of Multi-Agent Systems and Applications*, pages 118–149, 2001.

[30] A. Dutech and M. Samuelides. Apprentissage par renforcement pour les processus décisionnels de Markov partiellement observés. *Revue d'Intelligence Artificielle*, 17(4), 2003.

[31] M. O. Dzikovska, J. F. Allen, and M. D. Swift. Integrating linguistic and domain knowledge for spoken dialogue systems in multiple domains. In *Proc. of IJCAI-03 Workshop on Knowledge and Reasoning in Practical Dialogue Systems*, August 2003.

[32] V. Ermolayev, N. Keberle, and S. Plaksin. Towards Agent-Based Rational Service Composition – RACING Approach. In *Proc. International Conference on Web Service*, number 2853 in Lecture Notes in Computer Science, pages 167–182. Springer-Verlag, 2003.

[33] J. Euzenat and P. Shvaiko. *Ontology matching*. Springer-Verlag, Heidelberg (DE), 2007.

[34] A. El Fallah-Seghrouchni and A. Suna. CLAIM : A Computational Language for Autonomous, Intelligent and Mobile Agents. In *Extended versions in Post-Proceedings of the First International Workshop on Programming Multiagent Systems, ProMAS*, LNAI. Springer-Verlag, 2004.

[35] C. Fellbaum, editor. *WordNet, An Electronic Lexical Database* . MIT-Press, 1998.

[36] D. Fensel, F. Van Harmelen, I. Horrocks, D. McGuiness, and P. Patel-Schneider. OIL : an ontology infrastructure for the Semantic Web. *Intelligent Systems Journal*, 16(2) :38–45, 2001.

[37] J. Ferber. *Les systèmes multi-agents : vers une intelligence collective.* InterEditions, 1995.

[38] J. Ferber, O. Gutknecht, and F. Michel. From Agents to Organizations : an Organizational View of Multi-Agent Systems. In P. Giorgini, J. MŒller, and J. Odell, editors, *Proc. 4th International Workshop on Agent-Oriented Software Engineering (AOSE)*, volume 2935 of *LNCS*, pages 214–230. Springer-Verlag, 2006.

[39] F. Fernandez and M. Veloso. Probabilistic Policy Reuse in a Reinforcement Learning Agent. In *Proc. 5th International Conference on Autonomous Agents and Multiagent Systems (AAMAS)*, 2006.

[40] R.E. Fikes, P.E. Hart, and N.J. Nilsson. Learning and Executing Generalized Robot Plans. *Artificial Intelligence*, 3 :251–288, 1972.

[41] R.E. Fikes and N.J. Nilsson. STRIPS : A new approach to the application of theorem proving to problem solving. *Artificial Intelligence*, 2 :189–208, 1971.

[42] M. Fox and D. Long. PDDL2.1 : An extension to PDDL for expressing temporal planning domains. *Journal of Artificial Intelligence Research*, 20 :2003, 2003.

[43] Y. Gal and Y. Pfeffer. Reasoning about Rationality and Beliefs . In *Proc. 3rd International Conference on Autonomous Agents and Multiagent Systems (AAMAS)*, 2004.

[44] S. Garruzzo and D. Rosaci. HISENE2 : A Reputation-Based Protocol for Supporting Semantic Negotiation. volume 4275 of *Lecture Notes in Computer Science*, pages 949–966. Springer-Verlag, 2006.

[45] M. Georgeff and A. Lansky. Procedural Knowledge. *IEEE Special Issue on Knowledge Representation*, 74 :1383–1398, 1986.

[46] M.-P. Gleizes, V. Camps, and P. Glize. A Theory of Emergent Computation based on Cooperative Self-organization for Adaptive Artificial Systems. In *Proc. 4th European Congress of Systems Science*, 1999.

[47] Z. Guessoum and J.P. Briot. From Active Objects to Autonomous Agents. *IEEE Concurrency*, 7(3) :68–76, 1999.

[48] Z. Guessoum and N. Faci. DimaX : A Fault Tolerant Multi-Agent Platform. In V. Alessandro Garcia, Ricardo Choren, Carlos Lucena, and Alexander Romanovsky, editors, *Proc. ICSE 2006 Workshop on Software Engineering for MAS*, pages 13–20. ACM, New York, USA, 2006.

[49] Y. Gurevich. Evolving Algebra Lipari Guide. In E. Börger, editor, *Specification and Validation Methods*, pages 9–36. Oxford University Press, 1995.

[50] F. Hakimpour, J. Domingue, E. Motta, L. Cabral, and Y. Lei. Integration of OWL-S into IRS-III. In *Proc. of the 1st AKT workshop on Semantic Web Services (AKT-SWS04)*, 2004.

[51] D. Harel. Dynamic Logic. In D. Gabbay and F. Guenthner, editors, *Handbook of Philosophical Logic*, volume 2, pages 497–604. Reidel, 1984.

[52] H. Hexmoor, C. Castelfranchi, and R. Fralcone, editors. *Agent Autonomy*. Boston/Dordrecht/London Kluwer Academic Publishers, 2003.

[53] G. Hirst and D. St-Onge. Lexical chains as representation of context for the detection and correction malapropisms. In Christiane Fellbaum, editor, *WordNet : An Electronic Lexical Database*, chapter 13, pages 305–332. MIT Press, 1998.

[54] S. Hoet and N. Sabouret. Utiliser des protocoles d'interaction et de la mémoire pour l'apprentissage par renforcement d'actes de communication. In *Proc. 5th journées francophones sur les Modèles Formels d'Interaction*, pages 214–224, 2009.

[55] R. Howard. *Dynamic Programming and Markov Processes*. MIT Press, 1960.

[56] M. Huhns. Software Agents : The Future of Web Services. Agent Technologies, Infrastructures, Tools, and Applications for E-Services, pages 1–18. 2002.

[57] R. Ichise, H. Takeda, and S. Honiden. Integrating multiple internet directories by instance-based learning. *Proceedings of the eighteenth International Joint Conference on Artificial Intelligence (IJCAI03)*, 2003.

[58] T. Jaakkola, M. Jordan, and P. Singh. Convergence of stochastic iterative dynamic programming algorithms. *Advances in Neural Information Processing Systems*, 6 :703–710, 1994.

[59] J. Jiang and D. Conrath. Semantic similarity based on corpus statistics and lexical taxonomy. In *Proc. on International Conference on Research in Computational Linguistics*, pages 19–33, Taiwan, 1997.

[60] L. Kaelbling, M. Littman, and A. Cassandra. Planning and Acting in Partially Observable Stochastic Domains. *Artificial Intelligence*, 101 :99–134, 1995.

[61] Y. Kalfoglou and M. Schorlemmer. Ontology mapping : The state of the art. In Y. Kalfoglou, M. Schorlemmer, A. Sheth, S. Staab, and M. Uschold, editors, *Semantic Interoperability and Integration*, number 04391 in Dagstuhl Seminar Proceedings. Internationales Begegnungs- und Forschungszentrum (IBFI), Schloss Dagstuhl, Germany, 2005.

[62] T. Kasai, H. Tenmoto, and A. Kamiya. Learning of communication codes in multi-agent reinforcement learning problem. In *Proc. IEEE Conference on Soft Computing in Industrial Applications*, pages 1–6, 2008.

[63] H. Kautz and B. Selman. Planning as Satisfiability. In *Proc. European Conference on Artificial Intelligence (ECAI)*, 1992.

[64] N. Kavantzas, D. Burdett, G. Ritzinger, T. Fletcher, and Y. Lafon. Web Services Description Language (WS-CDL). Technical report, W3C, 2004.

[65] B. Kipfer and R. Chapman, editors. *Roget's International Thesaurus, Sixth Indexed Edition*. Collins, 6 edition, 2001.

[66] M. Klush, A. Gerber, and M. Schmidt. Semantic Web Service Composition Planning with OWLS-Xplan. In *Proc. 1st AAAI Fall Symposium on Agents and the Semantic Web*, pages 55–62, 2005.

[67] L. Laera, I. Blacoe, V. Tamma, T. Payne, J. Euzenat, and T. Bench-Capon. Argumentation over Ontology Correspondences in MAS. *Proc. of the 6th international joint conference on Autonomous Agents and MultiAgent Systems (AAMAS'07)*, pages 1285–1292, 2007.

[68] D. Lin. An information-theoretic definition of similarity. In *Proc. 15th International Conf. on Machine Learning*, pages 296–304. Morgan Kaufmann, San Francisco, CA, 1998.

[69] P. Maes. Agents that reduce workload and information overload. *Communications of the ACM*, 37(7) :30–40, 1994.

[70] D. Martin, M. Paolucci, S. McIlraith, M. Burstein, D. McDermott, D. McGuiness, B. Parsia, T. Payne, M. Sabou, M. Solanki, N. Srinivasan, and K. Sitara. Bringing Semantics to Web Services : The OWL-S Approach. In J. Cardoso and A. Sheth, editors, *Proc. 1st International Workshop on Semantic Web Services and Web Process Composition (SWSWPC)*, volume 3387 of *Lecture Notes in Computer Science*, pages 26–42. Springer-Verlag, 2004.

[71] M. Matari'c. Using communication to reduce locality in distributed multi-agent learning. *Journal of Experimental and Theoretical Artificial Intelligence*, 10 :357–369, 1998.

[72] L. Mazuel. *Traitement de l'hétérogénéïté sémantique dans les interactions humain-agent et agent-agent*. PhD thesis, Université Pierre & Marie Curie, 2008.

[73] L. Mazuel and N. Sabouret. Generic command interpretation algorithms for conversational agents. *Web Intelligence and Agent Systems (IOS press)*, 6(2), 4 2008.

[74] L. Mazuel and N. Sabouret. Un modèle d'interaction pour des agents sémantiquement hétérogènes. In *Proc. 16th Journées Francophones sur les Systèmes Multi-Agents (JFSMA)*, pages 233–242, 2008.

[75] P. McBurney, S. Parsons, and M. Wooldridge. Desiderata for Agent Argumentation Protocols. In *Proc. 1st International Joint Conference on Autonomous Agents and Multi-Agent Systems (AAMAS)*, pages 402–409, 2002.

[76] A. McCallum. *Reinforcement learning with selective perception and hidden state*. PhD thesis, University of Massachusetts-Amherst, 1996.

[77] J. McCarthy and P.J. Hayes. Some philosophical problems from the standpoint of Artificial Intelligence. *Machine Intelligence*, 4 :463–502, 1969.

[78] F. Melo and M. Veloso. Learning of coordination. In *Proc. 8th International Conference on Autonomous Agents and Multiagent Systems (AAMAS)*, 2009.

[79] R. Mizoguchi, J. Vanwelkenhuysen, and M Ikeda. Task Ontologies for reuse of Problem Solving Knowledge. In *Proc. 2nd International Conference on Building and Sharing Very-Large Scale Knowledge Base*. IOS Press, 1995.

[80] A. Moreau and J. Malenfant. Syntax-directed Data Integration in Semantic Web Services Orchestrations. In *Proc. 2nd International Workshop on Semantic Web Architectures for Enterprises (SWAE08)*, pages 744–748. IEEE Computer Society Press, 2008.

[81] M. Morge and J.-C. Routier. Debating over heterogeneous descriptions. *Applied Ontology, Special issue on Formal Ontology for Communicating Agents*, 2(3-4) :333 – 349, 2007.

[82] G. Muller, L. Vercouter, and O. Boissier. A Trust Model for the Reliability of Agent Communications. In *AAMAS2005 workshop on Trust in Agent Societies*, 2005.

[83] I. Müller, R. Kowalczyk, and P. Braun. Towards Agent-based Coalition Formation for Service Composition. In *Proc. International Conference on Intelligent Agent Technology (IAT)*, pages 73–80, 2006.

[84] J. Odell, H.V.D. Parunak, and B. Bauer. Representing Agent Interaction Protocols in UML. *Agent-Oriented Software Engineering*, pages 121–140, 2001.

[85] A. Omicini, A. Ricci, M. Viroli, C. Castelfranchi, and L. Tummolini. Coordination Artifacts : Environment-based Coordination for Intelligent Agents. In *Proc. 3rd International Conference on Autonomous Agents and Multiagent Systems (AAMAS)*, pages 286–293, 2004.

[86] T. Osman, D. Thakker, and D. Al-Dabass. Bridging the Gap between Workflow and Semantic based Web services Composition. In *Proc. Web Service Composition Workshop (WS-COMPS)*, 2005.

[87] E.C. Paraiso and J.P. Barthès. Architecture d'une interface conversationnelle pour les agents assistants personnels. In Patrick Paroubeck and Jean-Paul Sansonnet, editors, *Actes de la Journée d'Etude ATALA Agental « Agents et Langue »*, pages 83–90, Paris, France, 2004. ATALA, ATALA.

[88] V. Parunak. Go to the Ant : Engineering Principles from Natural Multi-Agent Systems. *Annals of Operation Research*, 75 :69–101, 1997.

[89] V. Parunak, S. Brueckner, and J. Sauter. Digital Pheromones for Coordination of Unmanned Vehicles. In D. Weyns, V. Parunak, and F. Michel, editors, *Proc. AAMAS 2004 workshop on Environment for Multi-Agent Systems (E4MAS)*, volume 3374 of *Lecture Notes in Artificial Intelligence*, pages 246–263. Springer-Verlag, 2005.

[90] S. Paurobally, V. Tamma, and M. Wooldridge. Cooperation and Agreement between Semantic Web Services. In *W3C Workshop on Frameworks for Semantics in Web Services*, 2005.

[91] C. Peltz. Web Services Orchestration and Choreography. *Computer Journal*, 26(10) :46–52, 2003.

[92] E. Platon. *A model of Exception Handling for Multi-Agent Systems*. PhD thesis, Université Pierre & Marie Curie, National Institute of Informatics, 2007.

[93] E. Platon, N. Sabouret, and S. Honiden. T-compound : An Agent-Specific Design Pattern and its environment. In *Proc. OOPSLA 2004 workshop on Agent Oriented Methodologies*, pages 63–74, 2004.

[94] E. Platon, N. Sabouret, and S. Honiden. Oversensing with a Softbody in the Environment, Another Dimention of Observation. In *Proc. IJCAI 2005 workshop on Modelling Others from Observation*, 2005.

[95] S. Ponnekanti and A. Fox. SWORD : A Developer Toolkit for Web Services Composition. In *Proc. 11th WWW Conference*, pages 83–107, 2002.

[96] M. Puterman. *Markov Decision Processes : Discrete Stochastic Dynamic Programming*. John Wiley & Sons, 1994.

[97] G. Quenum, S. Aknine, and A. Slodzian. An Approach to Configure Interactions from Generic Protocols. In *Proc. OOPSLA 2004 workshop on Agent Oriented Methodologies*, 2004.

[98] J. Quenum. A Unification and Delegation Approach to Configure Generic Protocols for Agent Interactions. In *Proc. International Conference on Intelligent Agent Technology*, pages 281–284, 2007.

[99] J. Quenum, S. Aknine, Jean pierre Briot, and Shinichi Honiden. A modelling framework for generic agent interaction protocols. In *Proc. 4th International Workshop on Declarative Agent Languages and Technologies (DALT)*, 2006.

[100] A. Rao. AgentSpeak(L) : BDI agents speak out in a logical computable language. In *Proc. 7th European Workshop on Modelling Autonomous Agents in a Multi-Agent World, MAAMAW'96*, volume 1038 of *Lecture Notes in Computer Science*, pages 42–55. Springer Verlag, 1996.

[101] A.S. Rao and M.P. Georgeff. BDI-Agents : from Theory to Practice. In *Proc. of the 1st International Conference on Multiagent Systems (ICMAS'95)*, pages 312–319. AAAI Press, 1995.

[102] R. Reiter. *Knowledge in Action : Logical Foundations for Specifying and Implementing Dynamical Systems*. MIT Press, 2001.

[103] P. Resnik. Using information content to evaluate semantic similarity in a taxonomy. In *14th International Joint Conference on Artificial Intelligence (IJCAI'05)*, pages 448–453, 1995.

[104] A. Rubinstein. Perfect equilibrium in a bargaining model. *Econometrica*, 50(1) :97–109, 1982.

[105] S. Russel and P. Norvig. *Artificial Intelligence : A Modern Approach (Second Edition)*. Prentice Hall, 2003.

[106] N. Sabouret. A model of requests about actions for active components in the semantic web. In *Proc. STAIRS 2002*, pages 11–20, 2002.

[107] N. Sabouret. *Étude de modèles de représentations, de requêtes et de raisonnement sur le fonctionnement des composants actifs pour l'interaction homme-machine*. PhD thesis, Université Paris-Sud, 2008.

[108] N. Sabouret and J.P. Sansonnet. Querying knowledge about actions in the semantic web. In *Proc. Semantic Web workshop at KR 2002*.

[109] N. Sabouret and J.P. Sansonnet. Un langage de description de composants actifs pour le web sémantique. *Revue Information - Interaction - Intelligence*, 3(1) :9–36, 2003.

[110] D. Sadek, Ph. Bretier, and E. Panaget. Artimis : Natural dialogue meets rational agency. In *IJCAI*, pages 1030–1035, 1997.

[111] J.-P. Sansonnet and E. Valencia. Modèle simpliciel pour l'hétérogénéité sémantique entre agents informationnels. In Hermes-Lavoisier, editor, *Journées Francophones sur les Systèmes Multi-Agents (JFSMA'04)*, pages 271–284, 2004.

[112] Ichiro Satoh. A Formalism for Hierarchical Mobile Agents. In *Proc. International Symposium on Software Engineering for Parallel and Distributed Systems (PDSE)*, pages 165–172. IEEE Computer Society, 2000.

[113] J.R. Searle and D. Vanderveken. *Foundations of illocutionary logic*. Cambridge University Press, 1985.

[114] N. Seco, T. Veale, and J. Hayes. An Intrinsic Information Content Metric for Semantic Similarity in Word-Net. In *Proc. ECAI'2004, the 16th European Conference on Artificial Intelligence*, pages 1089–1090, 2004.

[115] D. Sell, F. Hakimpour, J. Domingue, E. Motta, and R.C.S Pacheco. Interactive Composition of WSMO-based Semantic Web Services in IRS-III. In *Proc. of the AKT workshop on Semantic Web Services (AKT-SWS04)*, 2004.

[116] S. Shapiro. Sneps : a logic for natural language understanding and commonsense reasoning. *Natural language processing and knowledge representation : language for knowledge and knowledge for language*, pages 175–195, 2000.

[117] O. Shehory and S. Kraus. Feasible Formation of Coalitions among Autonomous Agents in Non-Superadditve Environments. *Journal of Computational Intelligence*, 15 :218–251, 1999.

[118] M. Smith, C. Welty, and D. McGuinness. Owl web ontology language guide. http ://www.w3.org/TR/owl-guide/, 2004.

[119] H. Stuckenschmidt and I. Timm. Adapting communication vocabularies using shared ontologies. *Proceedings of the Second International Workshop on Ontologies in Agent Systems, Workshop at 1st International Conference on Autonomous Agents and Multi-Agent Systems*, pages 6–12, 2002.

[120] R. Sutton and A. Barto. *Reinforcement Learning : An Introduction.* MIT Press, 1998.

[121] D. Szer and F. Charpillet. Improving coordination with communication in multi-agent reinforcement learning. In *Proc. 16th IEEE International Conference on Tools with Artificial Intelligence*, pages 436–440, 2004.

[122] M. Tan. Multi-agent reinforcement learning : Independent vs. cooperative agents. In *Proc. 10th International Conference on Machine Learning*, pages 330–337. Morgan Kaufmann, 1993.

[123] P. Traverso and M. Pistore. Automated Composition of Semantic Web Services into Executable Processes. In *Proc. 3rd International Semantic Web Conference (ISWC)*, pages 380–394, 2004.

[124] E. Valencia. *Hétérogénéité Sémantique entre Agents modélisés en Logique de Descriptions.* PhD thesis, Université de Paris XI, December 2000.

[125] C. Watkins. *Learning from delayed rewards.* PhD thesis, Cambridge University, 1989.

[126] D. Weyns, A. Omicini, and J. Odell. Environment as a first-class abstraction in multiagent systems. *Journal of Autonomous Agents and Multi-Agent Systems*, 14(1) :5–30, 2007.

[127] D. Weyns, V. Parunak, F. Michel, T. Holvoet, and J. Ferber. Environments for Multiagent Systems, State-of-the-Art and Research Challenges. In Danny Weyns, H. Van Dyke Parunak, and Fabien Michel, editors, *Proc. AAMAS 2004 workshop on Environment for Multi-Agent Systems (E4MAS)*, volume 3374, pages 1–47, 2005.

[128] T. Winograd. *Understanding Natural Language.* New York Academic Press, 1972.

[129] M. Wooldridge. *An Introduction to Multi-Agent Systems.* Wiley, 2002.

[130] D. Wu, B. Parsia, E. Sirin, J. Hendler, and D. Nau. Automating DAML-S Web Services Composition using SHOP2. In *Proc. 3rd International Semantic Web Conference (ISWC)*, pages 195–210, 2003.

[131] P. Xuan, V. Lesser, and S. Zilberstein. Communication Decisions in Multi-agent Cooperation : Model and Experiments. In *Proc. 5th International Conference on Autonomous Agents*, pages 616–623. ACM Press, 2001.

# Une maison d'édition scientifique

vous propose

# la publication gratuite

de vos articles, de vos travaux de fin d'études, de vos mémoires de master, de vos thèses ainsi que de vos monographies scientifiques

Vous êtes l'auteur d'une thèse exigeante sur le plan du contenu comme de la forme et vous êtes intéressé par l'édition rémunérée de vos travaux? Alors envoyez-nous un email avec quelques informations sur vous et vos recherches à: info@editions-ue.com.

Notre service d'édition vous contactera dans les plus brefs délais.

**Éditions universitaires européennes**
Dudweiler Landstraße 99
66123 Sarrebruck
Allemagne
www.editions-ue.com